디지털 창작자의
저작권 생존 가이드
출판·AI·SNS 창작자를 위한 A to Z

디지털 창작자의
저작권 생존 가이드

프롤로그

나만 알고 싶은 저작권 노하우, 그 첫걸음을 떼며

혹시 유튜브에 올릴 영상 배경음악 때문에 고민해 본 적 없으신가요? 혹은 '출처만 밝히면 괜찮겠지'라는 생각으로 인터넷에 떠도는 멋진 이미지를 블로그나 SNS에 사용해 본 경험은 없으신가요? 인공지능(AI)이 그려준 그림으로 만든 상품을 팔아도 되는지, 내가 좋아하는 가수의 노래를 모아 플레이리스트 영상을 만들어 공유하는 것은 괜찮은지, 한 번쯤 궁금해 본 적 있으실 겁니다.

우리는 디지털 세상 속에서 매일 수많은 콘텐츠를 만들고, 즐기고, 공유하며 살아갑니다. 손가락 하나로 전 세계의 정보와 창작물을 접할 수 있는 편리한 세상이지만, 그만큼 '저작권'이라는 보이지 않는 약속을 지키는 것이 더욱 중요해졌습니다. 저작권은 단순히 법률 전문가나 창작자들만의 이야기가 아닙니다. 유튜브 크리에이터를 꿈꾸는 당신, 열정적으로 블로그를 운영하는 당신, 그리고 SNS에 자신의 일상을 공유하는 우리 모두의 이야기가 될 수 있습니다.

이 책은 바로 이러한 궁금증에서 시작되었습니다. '저작권, 대체 어디까지 알고 있어야 할까?' 복잡하고 어렵게만 느껴졌던 저작권의 세계를 일반인의 눈높이에 맞춰 쉽고 명쾌하게 풀어내고자 노력했습니다. 딱딱한 법률 용어 대신, 우리가 일상에서 마주치는 생생한 사례들을 통해 저작권의 핵심을 짚어드립니다. 유튜브, 인스타그램, 블로그 등 SNS 활용은 물론, 최근 가장 뜨거운 감자인 인공지능(AI) 생성물의 저작권 문제까지, 여러분이 가장 궁금해하는 최신 이슈들을 빠짐없이 담았습니다.

이 책을 통해 여러분은 더 이상 저작권이라는 벽 앞에서 망설이지 않게 될 것입니다. 다른 사람의 권리를 존중하며 자신의 창작물을 안전하게 보호하는 지혜를 얻고, 더 나아가 건강한 창작 생태계에 기여하는 멋진 사용자로 거듭날 수 있기를 바랍니다. 이제, '나만 알고 싶은 저작권 노하우'의 첫 페이지를 함께 넘겨볼까요?

일상 속 저작권의 중요성

디지털 시대를 살아가는 우리에게 저작권은 더 이상 남의 일이 아닙니다. 유튜브에 영상을 올리고, 블로그에 글을 쓰고, 인스타그램에 사진을 공유하는 평범한 일상 속에서 누구나 저작권 문제와 마주칠 수 있습니다. 저작권은 창작자가 자신의 노력으로 만든 창작물에 대해 갖는 배타적 권리로서, 이를 모르면 무심코 한 행동이 법적 문제가 될 수 있습니다. 아래에서는 일상에서 흔히 겪는 다양한 사례들을 통해 저작권의 중요성을 쉽고 간결하게 살펴보겠습니다. 각 사례마다 어떤 문제가 발생했는지와 어떻게 예방할 수 있는지를 함께 알아두면, 창작 활동을 즐기면서도 법적 분쟁을 피할 수 있을 것입니다.

차례

Part 01
우리가 놓치기 쉬운 저작권 리스크   15
알아두면 좋은 저작권 핵심 용어 정리   21

Part 02
저작권 실무 가이드 일상 속 궁금증 해소 FAQ   49
Q1. 지식재산권은 어떻게 분류되나요?   50
Q2. 누가 저작자가 될 수 있나요?   50
Q3. 공동으로 콘텐츠를 제작한 경우 저작권은 어떻게 되나요?   51
Q4. '업무상 저작물'이란 무엇이며, 저작권은 누구에게 귀속되나요?   51
Q5. 저작권 침해 시 발생하는 주요 권리 침해 유형은 무엇인가요?   52
Q6. 초상권과 퍼블릭시티권은 무엇이며 어떻게 다른가요?   52
Q7. '부정경쟁방지법'은 어떤 상황에 적용될 수 있나요?   53
Q8. 저작권 침해 시 민형사상 책임은 어떻게 되나요?   53
Q9. 저작권 관련 교육은 어디서 받을 수 있나요?   53
Q10. 강의 자료에 인터넷에서 가져온 이미지나 유튜브 영상을 사용해도 되나요?   54
Q11. 강사가 만든 강의 자료의 저작권은 강사에게 있나요, 회사에 있나요?   55
Q12. 강의 영상이 수강생에 의해 녹화 공유되는 경우 법적으로 대처할 수 있나요?   55
Q13. 강사 스스로 만든 교안, 워크북, 학습자료의 저작권 등록은 가능한가요?   55
Q14. 로열티 프리(Royalty-Free) 스톡 이미지 구매 시, 로고나 브랜드가 노출된 이미지를 광고에 사용해도 되나요?   56
Q15. 공공기관 자료를 인용하거나 일부 수정해 사용하는 것도 허락이 필요한가요?   56
Q16. 한국저작권위원회는 어떤 서비스를 제공하나요?   57

차례

Part 03

저작권 FAQ (출판·AI·SNS분야) 59

● 출판 저작권 FAQ

　- 빠르게 알아보는 출판 분야 저작권 FAQ 10　　60
Q1. 저작권은 언제 발생하며, 등록 절차가 필요한가요?　　62
Q2. 저작권 보호 기간은 어떻게 되나요?　　62
Q3. 이미 저작권이 만료된 작품은 자유롭게 이용할 수 있나요?　　66
Q4. '판권'이라는 용어는 무엇이며 법적으로 유효한가요?　　66
Q5. 출판사가 인지(印紙)를 붙이지 않고 책을 발행할 경우 어떤 문제가 발생하나요?　　66
Q6. 구매한 전자책 파일을 타인과 공유해도 괜찮을까요?　　67
Q7. 책 내용의 일부를 블로그나 과제물에 인용하고 싶은데 어느 정도까지 허용되나요?　　67
Q8. 공공도서관에서 책을 스캔하여 보관하는 것은 저작권법상 허용되나요?
　　만약 스캔 자료를 온라인에 업로드하거나 공유한다면 어떻게 되나요?　　68
Q9. 책이나 콘텐츠를 번역 출판하려면 반드시 허락을 받아야 하나요?　　68
Q10. 제가 쓴 칼럼이 타인 블로그에 인용되었는데 저작권 침해인가요?　　69
Q11. 논문이나 리포트를 AI로 요약한 내용을 공유해도 되나요?　　69
Q12. 중고 서점에서 산 책을 다시 팔면 저작권 문제가 없나요?　　69
Q13. 출판사가 도서의 표지 디자인에 대한 저작권을 주장할 수 있나요?　　70
Q14. 출판사가 저작자의 원고를 편집할 때 저작인격권을 침해할 수 있나요?　　71
Q15. 출판사가 파산하면 출판권은 어떻게 되나요?　　72
Q16. 출판사가 저작자에게 지급하는 인세의 법적 성격은 무엇인가요?　　73
Q17. 출판사가 저작물의 일부만 발췌하여 출간할 수 있나요?　　74
Q18. 출판사가 저작물을 해외에 수출하려면 어떤 절차가 필요한가요?　　75
Q19. 출판사가 저작물을 광고나 홍보에 사용할 수 있나요?　　76

차례

Q20. 번역자는 번역한 저작물에 대해 어떤 권리를 갖나요? 77
Q21. 편집자가 원고를 편집할 때 저작권이 발생하나요? 78
Q22. 전자책과 종이책의 저작권에 차이가 있나요? 79
Q23. 전자책을 인쇄해서 사용해도 되나요? 80
Q24. 웹소설 플랫폼에 연재하는 것과 출판하는 것의 차이는 무엇인가요? 81
Q25. 전자책을 대여 서비스로 제공할 수 있나요? 82
Q26. 오디오북의 저작권은 어떻게 처리되나요? 83
Q27. 전자책을 해외에 수출할 때 주의사항은 무엇인가요? 84
Q28. 구독형 전자책 서비스의 저작권 처리는 어떻게 하나요? 85
Q29. 전자책을 AI가 읽어주는 서비스를 제공할 수 있나요? 86
Q30. 전자책을 클라우드에 백업해도 되나요? 87

● AI 저작권 FAQ

– 빠르게 알아보는 AI 분야 저작권 FAQ 10 90
Q1. AI가 만든 콘텐츠에도 저작권이 인정되나요? 92
Q2. 인간이 AI를 사용하여 작품을 만들 경우 저작권은 누구에게 귀속되나요? 92
Q3. AI로 생성한 콘텐츠를 판매해도 되나요? 96
Q4. AI가 학습 데이터로 저작물을 사용하는 것은 합법인가요? 96
Q5. 생성형 AI로 인한 저작권 침해를 피하기 위한 방법은 무엇인가요? 97
Q6. AI가 다른 사람의 저작물을 학습 데이터로 사용하는 것은 합법인가요? 98
Q7. AI로 생성한 콘텐츠를 상업적으로 판매해도 괜찮을까요? 98
Q8. AI로 만든 캐릭터를 저작권 등록할 수 있나요? 99
Q9. AI가 만든 이미지를 상업용 굿즈(Goods)로 써도 괜찮을까요? 99

차례

Q10. 외국에서 생성한 AI 콘텐츠를 국내에서 상업적으로 쓰면 문제가 될 수 있나요? 99
Q11. AI 기반 제안서 자동생성 프로그램을 사용할 시 저작권 위험은 무엇인가요? 100
Q12. ChatGPT나 Claude 같은 AI 서비스를 상업적으로 이용해도 되나요? 101
Q13. AI로 생성한 이미지나 텍스트가 기존 저작물과 유사하면 저작권 침해인가요? 102
Q14. 오픈소스 데이터셋을 AI 학습에 사용할 때 주의사항은 무엇인가요? 103
Q15. 소셜미디어에서 수집한 데이터를 AI 학습에 사용할 수 있나요? 104
Q16. 정부나 공공기관에서 공개한 데이터를 AI 학습에 사용해도 되나요? 105
Q17. 학술 논문이나 연구 데이터를 AI 학습에 사용할 수 있나요? 106
Q18. AI 학습 데이터의 출처를 공개해야 하나요? 107
Q19. AI가 생성한 콘텐츠가 기존 저작물을 표절한 것 같으면 어떻게 해야 하나요? 108
Q20. AI가 생성한 콘텐츠의 저작권을 등록할 수 있나요? 109
Q21. AI가 생성한 콘텐츠로 수익을 얻을 수 있나요? 110
Q22. AI가 생성한 콘텐츠를 NFT로 만들어도 되나요? 111
Q23. AI가 생성한 콘텐츠를 교육 목적으로 사용해도 되나요? 112
Q24. AI가 생성한 콘텐츠의 진위를 어떻게 확인할 수 있나요? 113
Q25. AI가 생성한 콘텐츠를 번역해서 사용해도 되나요? 114
Q26. AI가 생성한 콘텐츠를 다른 시 도구로 재가공해도 되나요? 115
Q27. AI가 생성한 콘텐츠의 보존 기간은 얼마나 되나요? 116

● 디자인 및 콘텐츠 사이트 저작권 FAQ

  - 빠르게 알아보는 디자인 및 콘텐츠 분야 저작권 FAQ 10   118
Q1. 웹사이트의 레이아웃이나 "룩앤필"도 저작권으로 보호받을 수 있나요? 119
Q2. HTML 소스 코드와 CSS 스타일 시트도 저작권으로 보호받을 수 있나요? 119
Q3. 웹사이트에 게시된 일반적인 텍스트 콘텐츠는 저작권으로 보호되나요? 119

차례

Q4. 웹사이트에 게시된 사진은 저작권으로 보호되나요?   120

Q5. 다른 사람의 콘텐츠를 내 웹사이트에 사용하려면 어떻게 해야 하나요?   120

Q6. 웹사이트에 저작권 표시를 해야 저작권 보호를 받을 수 있나요?   120

Q7. 웹사이트에 하이퍼링크를 제공할 때도 허락이 필요한가요?   120

Q8. 디지털 자산을 저작권으로 보호하는 방법은 무엇인가요?   121

Q9. DMCA는 무엇이며 디지털 콘텐츠 보호에 어떻게 도움이 되나요?   121

Q10. 크리에이티브 커먼즈 라이선스는 무엇이며 저작권과 어떤 관계가 있나요?   122

Q11. 저작권 침해 시 어디에 문의하고 도움을 받을 수 있나요?   125

Q12. 무료 폰트를 기업 로고나 상품 패키지를 만들어 팔아도 되나요?   127

Q13. 스톡 이미지 사이트에서 구매한 로열티 프리 마음대로 써도 되는 건가요?   127

Q14. 미리캔버스나 Canva 같은 디자인 플랫폼에서 출처 표기는 어떻게 해야 하나요?   128

Q15. 프리랜서 디자이너에게 의뢰한 로고의 저작권은 누구에게 있나요?   128

Q16. 강의 자료로 만든 콘텐츠의 저작권은 강사에게 있나요, 회사에 있나요?   129

Q17. 강의 영상이 수강생에 의해 녹화 공유되는 경우 법적으로 대응할 수 있나요?   129

Q18. 슬로건이나 자막 문구에 상표권이나 저작권이 걸릴 수도 있나요?   129

Q19. 디자인 작업 시 인터넷에서 참고한 로고를 변형해서 쓰면 문제가 되나요?   130

Q20. 무단 도용당한 내 디자인을 어떻게 증명해야 하나요?   130

Q21. 고객의 요청으로 참고 이미지를 기반으로 작업했을 때 책임은 누구에게 있나요?   131

Q22. 출처를 밝히고 사용하면 무조건 합법적인가요?   131

Q23. 저작권 침해 경고를 받았을 때 어떻게 대응해야 하나요?   132

Q24. 해외 사이트의 콘텐츠는 한국 저작권법과 다른가요?   132

Q25. 음악 저작물에서 '복제권', '배포권', '대여권', '전송권'은 무엇인가요?   133

Q26. SNS에서 사용하는 폰트(글꼴)에도 저작권이 있나요?   133

Q27. SNS에 올린 맛집 후기나 여행 후기도 저작권이 있나요?   135

차례

Q28. 사망한 사람의 SNS 게시물을 사용해도 되나요? **136**

Q29. 내 SNS 게시물이 무단으로 도용당했을 때 어떻게 대응해야 하나요? **137**

Q30. SNS에서 저작권 침해 신고를 받으면 어떻게 대응해야 하나요? **138**

Q31. SNS에서 가짜 계정이 내 콘텐츠를 도용하고 있어요. 어떻게 해야 하나요? **139**

Q32. SNS에서 내 사진을 무단으로 사용한 광고를 발견 시 어떻게 대응해야 하나요? **140**

Q33. SNS에서 저작권 침해를 당했을 때 변호사 없이도 대응할 수 있나요? **142**

Q34. SNS에서 내 콘텐츠를 패러디한 것도 저작권 침해인가요? **143**

Q35. SNS에서 저작권 침해를 당했을 때 정신적 피해에 대한 위자료도 받을 수 있나요? **145**

Q36. SNS에서 저작권 침해 분쟁이 발생했을 때 조정이나 중재를 이용할 수 있나요? **147**

Q37. SNS에서 저작권 침해를 예방하기 위한 기술적 조치에는 어떤 것들이 있나요? **148**

Q38. SNS에서 저작권 침해 대응을 위한 법적 비용은 어느 정도인가요? **150**

Q39. SNS에서 저작권 침해 예방을 위한 교육, 가이드라인은 어디서 구할 수 있나요? **151**

Q40. SNS에서 저작권 침해 방지를 위한 기업의 내부 정책은 수립은? **153**

Q41. SNS에서 저작권 침해 분쟁의 해결 기간은 보통 얼마나 걸리나요? **155**

Q42. SNS에서 저작권 보호를 위한 미래 기술 동향은 어떻게 될까요? **157**

Q43. 인플루언서가 MCN과 계약할 때 저작권 관련 주의사항은 무엇인가요? **159**

Q44. 인플루언서가 협찬받은 제품을 중고로 판매해도 되나요? **160**

Q45. 인플루언서가 자신의 콘텐츠를 NFT로 만들어 판매할 때 주의할 점은? **161**

Q46. 인플루언서가 광고 콘텐츠에서 사용한 음악이 문제가 되면 누가 책임지나요? **162**

Q47. 인플루언서가 자신의 유행어를 상표로 등록할 수 있나요? **163**

차례

Part 04

● 일반인들이 가장 궁금해 하는 저작권 FAQ

Q1. 저작권이란 무엇인가요? 166
Q2. 저작권의 보호 기간은 얼마나 되나요? 166
Q3. 저작물의 저작권을 양도할 수 있나요? 167
Q4. 네이버나 구글에서 검색하여 찾은 이미지도 저작권 있나요? 168
Q5. 제가 찍은 영상을 허락 없이 유튜브에 올렸어요. 저는 어떻게 해야 하나요? 169
Q6. 수노라는 프로그램에서 음악을 만들었어요. SNS에 사용해도 되나요? 169
Q7. 다양한 AI툴로 이미지나 동영상을 제작했어요. SNS에 올려도 되나요? 170
Q8. 저작권이랑 지식 재산권은 뭐가 다른가요? 171
Q9. 유튜브 영상 제작 시 영상 프로그램에서 지원하는 음악의 저작권 없이 사용 가능한가요? 172
Q10. 강의 및 발표 자료 만들기에 영화 장면을 삽입해서 사용하면 저작권에 걸리나요? 173
Q11. 유료 사이트에서 다운로드 받은 이미지, 영상, GIF, 아이콘 등 사용 가능한가요? 174
Q12. 다른 사람이 써준 캘리그라피 SNS 사용 가능한가요? 175
Q13. 블로그에 출처를 밝히면 이미지나 글을 사용해도 된다고 하던데 맞나요? 176
Q14. 책 읽어주는 유튜브 하고 싶은데 책은 아무거나 올려도 괜찮은지요? 177
Q15. 책 내용을 활용한 영상 제작 시 저작권 침해 여부를 알고 싶어요? 178
Q16. 7080 노래 모음 등 여러 유명 가수들의 노래를 올리는 채널들의 저작권 문제는? 179
Q17. 직접 촬영한 스포츠 중계나 연극을 녹화해서 다른 곳에 올리면 저작권에 걸리나요? 180

차례

Part 05

부록

부록 A: 주요 법령 조문   182
- 저작권법 주요 조문
- 상표법 주요 조문

부록 B: 유용한 웹사이트 및 기관 정보   183
- 정부기관
- 민간기관

부록 C: 저작권 관련 양식 및 서식   184
- 저작권 이용 허락 계약서 (기본 양식)
- 저작권 침해 경고장 (기본 양식)

부록 D: 저작권 체크리스트   186
- 콘텐츠 제작 전 체크리스트

참고문헌
- 180개의 국내외 참고문헌 리스트 정리   188

Part 01
••• 우리가 놓치기 쉬운 저작권 리스크

유튜브 음악과 영상 클립 사용의 함정

한 대학생 A씨는 브이로그 영상을 만들면서 유명 가수의 음악을 배경음악으로 사용했습니다. 조회수가 늘어 기뻐하던 것도 잠시, 영상이 차단되고 채널에 경고가 떴습니다. 왜 문제가 되었을까요? 인기 음악은 가수나 음원 권리자가 저작권을 갖고 있어 허락 없이 사용하면 저작권 침해가 됩니다. A씨는 단지 배경으로 잠깐 썼을 뿐이라고 생각했지만, 유튜브의 저작권 필터는 이를 정확히 감지했습니다. 어떻게 예방할 수 있을까요?

우선 저작권 무료 음원이나 라이선스 허용 음악을 사용하는 것이 안전합니다. 유튜브에서는 라이브러리에 제공되는 무료 음원을 이용하거나, 상업적으로 사용 허가된 음악만 골라야 합니다. 꼭 인기 음악을 쓰고 싶다면 권리자로부터 사용 허락을 받거나, 음악 없이 직접 창작한 사운드나 무료 효과음으로 대체하는 방법도 있습니다. 또한 영상을 만들 때 다른 영화나 드라마 장면을 넣고 싶다면 전체 클립을 통째로 복사하지 말고, 필요한 부분만 짧게 활용하면서 비평이나 해설을 충분히 덧붙이는 형태로 만들어야 합니다. 단순히 남의 영상을 이어 붙여 요약하는 경우 (일명 "패스트무비" 영상)에는 원 저작물의 시장을 해칠 우려가 있어 저작권 침해로 판결이 난 사례도 있습니다.

결국, 내가 만든 영상이더라도 남의 음악이나 영상을 함부로 쓰면 안 된다는 점을 꼭 기억해야 합니다. 작은 방심이 채널 정지나 법적 책임으로 이어질 수 있으므로, 미리 저작권을 확인하고 안전한 소재를 사용해 창작하는 습관이 필요합니다.

좋은 콘텐츠, 나쁘게 퍼오는 실수 | 블로그

직장인 B씨는 자신의 블로그에 유명 작가의 에세이 한 편을 통째로 올려 공유했습니다. 좋은 글을 더 많은 사람과 나누고 싶었던 선의였지만, 얼마 뒤 게시중단 요청이 들어오고 블로그 글은 삭제되었습니다. 문제가 된 이유는 무엇일까요?

남의 글을 허락 없이 그대로 복사해 게재한 것은 엄연히 저작권 침해에 해당합니다. 창작성이 높은 에세이 전문을 통째로 복사하면, 설령 출처를 밝혔더라도 저작권자의 권리를 침해한 것이 됩니다. 어떻게 예방할 수 있을까요? 블로그나 SNS에 남의 글이나 기사를 공유하고 싶다면 전문을 복사해서 올리지 말고, 일부만 인용하거나 링크를 제공해야 합니다. 예를 들어 감명 깊은 문장 몇 줄을 소개하면서 자신의 감상이나 의견을 덧붙이는 방식은 비교적 안전합니다. 이때도 출처를 명확히 표기하는 것은 기본입니다. 저작권법이 허용하는 인용의 범위 내에서는 저작권자 허락 없이도 사용할 수 있지만, 그 범위는 "공정한 관행에 합치"되고 "정당한 목적"인 경우로 한정됩니다. 한마디로, 남의 콘텐츠를 이용할 때는 필요한 만큼만 부분적으로 활용하고 반드시 출처를 밝히는 것이 중요합니다. 또한 사진이나 그림도 마찬가지입니다.

인터넷 검색으로 찾은 이미지라고 해서 함부로 올리면 안 됩니다. 가능하면 저작권자가 공개적으로 사용을 허락한 콘텐츠(예: 크리에이티브 커먼즈 라이선스 이미지)만 사용하거나, 직접 찍은 사진을 사용하는 습관을 들여야 합니다. 무심코 한 게시가 법적 대응이나 손해배상 청구로 이어질 수 있으므로, 블로그를 운영할 때는 콘텐츠 하나하나 저작권에 문제가 없을지 꼼꼼히 따져보는 것이 좋습니다.

출판 | 책 속 한 줄 인용이 부른 파장

작가 지망생 C씨는 소설을 출판하면서 자신이 좋아하는 노래 가사 한 소절을 소설 속 대사에 넣었습니다. 출간 후 독자들의 반응이 좋았지만, 얼마 뒤 음원 권리사로부터 가사 무단 사용에 대한 경고와 사용료 청구를 받았습니다. 짧은 한 줄인데도 문제가 될까요?

네, 문제가 될 수 있습니다. 노래 가사나 시 한 줄이라도 창작성이 있는 저작물이므로, 저작권자의 허락 없이 책에 실으면 침해가 됩니다. 출처를 적었다고 자동으로 면책되는 것도 아니고, 상업적 출판물에서는 더욱 엄격하게 다뤄집니다. C씨는 결국 책을 다시 찍을 때 그 부분을 삭제하고 정정해야 했고, 이미 팔린 부수에 대해서도 일정 금액을 보상하는 곤란을 겪었습니다. 어떻게 예방할 수 있을까요?

책을 쓰거나 출판할 때는 남의 저작물을 일부라도 포함할 경우 사전에 사용 허락을 받는 것이 원칙입니다. 노래 가사를 인용하고 싶다면 해당 음악의 저작권 신탁단체나 권리자에게 정식으로 문의하여 사용료를 내고 허락을 구해야 합니다. 시나 그림, 사진 등을 책에 실을 때도 마찬가지입니다. 비용이나 절차가 부담되어 허락받기 어렵다면 아예 해당 부분을 넣지 않거나 대체 표현을 사용하는 것이 안전합니다. 또한 "판권을 얻었다"라는 말을 가끔 하는데, 정확히는 출판권을 설정받아야 합니다. 원고를 계약할 때 출판사가 저작권자로부터 출판권(책으로 발행할 권리)을 설정받지 않으면, 무단으로 책을 찍어내는 것이 될 수 있습니다. 즉, 계약 단계부터 법적으로 적절한 권리를 확보하고 출판을 진행해야 분쟁을 피할 수 있습니다. 출판 분야는 저작권 침해 사례가 많이 발생하는 영역이므로, 한 줄의 인용도 신중하게 생각하고 진행해야 합니다. 작은 가사 한 줄, 사진 한 장이라도 창작자의 소중한 권리라는 점을 항상 염두에 두어야 합니다.

교육 현장의 저작권 딜레마 강의

학원 강사 D씨는 수업 자료를 만들 때 인터넷에서 검색한 사진과 만화를 군데군데 활용했습니다. 교육 목적이니 괜찮을 거라 생각했지만, 그 자료가 온라인에 공유되면서 이미지 저작권 침해에 대한 지적을 받았습니다. 왜 이런 문제가 생겼을까요?

교육 목적이라도 저작물 사용량이 많거나 핵심 내용을 통째로 복사하면 침해로 볼 수 있기 때문입니다. 학교나 강의에서는 비교적 자유롭게 인용할 수 있는 예외 조항들이 있긴 하지만, 그것도 공정 이용의 기준을 만족해야 합니다. D씨의 자료는 필요 이상으로 많은 이미지를 포함했고, 일부 만화는 교육과 큰 관련 없이 흥미 요소로만 삽입된 것이 문제였습니다. 어떻게 예방할 수 있을까요?

수업 자료에는 가급적 직접 만든 그림, 표, 혹은 저작권 문제가 없는 자료를 사용하는 것이 좋습니다. 꼭 필요한 타인 저작물을 써야 한다면 최소한의 부분만 활용하고, 출처를 분명히 밝히는 것이 기본입니다. 또 온라인 강의나 공개되는 자료라면 교육 목적이라도 안전하지 않습니다. 저작권자의 이익을 해치지 않을 범위에서만 자료를 인용하고, 영상 클립 등을 사용할 경우 짧게 편집하고 해설이나 교육적 분석을 충분히 곁들여야 합니다. 학생이나 수강생들이 강의를 녹화해 외부에 공유하는 경우도 문제가 됩니다. 강사의 강의 영상은 강사가 만든 저작물이므로, 무단 녹화 및 공유는 저작권 침해에 해당합니다. 이를 막기 위해서는 강의 전에 녹화 금지 안내를 하고, 필요하면 서약서를 받는 등의 조치가 필요합니다. 이처럼 강의 현장에서도 저작권 상식이 필요하며, 가르치는 사람과 배우는 사람 모두 서로의 저작권을 존중해야 합니다. 교육은 공익적이지만 창작자의 권리 또한 존중받아야 한다는 것을 항상 유념하고, 합법적인 범위 내에서 자료를 활용하는 습관을 갖추는 것이 바람직합니다.

SNS(인스타그램) "퍼가기" 전에 생각하기

사회관계망(SNS)을 통해 손쉽게 콘텐츠를 공유하는 시대, 인스타그램에서는 마음에 드는 사진이나 영상을 리그램(regram, 다른 사람 게시물 퍼오기)하는 문화가 있습니다. 직장인 E씨도 인스타그램에서 예쁜 사진을 발견하고 자신의 계정에 출처를 밝히며 이미지 캡처를 리포스트했습니다. 그러나 며칠 후 원작 사진작가로부터 삭제 요청과 항의 메시지를 받았습니다. E씨는 "출처도 밝혔는데 왜 문제죠?"라고 당황했지만, 문제의 핵심은 원저작자의 허락 없이 복제했다는 데 있습니다. 다른 사람의 사진이나 영상을 스크린샷 떠서 그대로 올리는 행위는 저작권법상 복제 및 배포에 해당하며, 단순히 크레딧을 표기했다고 해서 합법이 되지는 않습니다. 왜 문제가 되는지 이해했다면, 어떻게 예방할 수 있을까요?

우선 남의 콘텐츠를 내 계정에 함부로 올리지 않는 것이 원칙입니다. 정말 공유하고 싶다면 플랫폼 내 공유 기능(예를 들어 인스타그램의 공유 버튼이나 리그램 허용 설정)을 사용하거나, URL 링크를 통해 연결하는 것이 낫습니다. 혹은 저작자에게 직접 댓글이나 DM으로 허락을 구하는 방법도 있습니다. 허락 없이 퍼간 콘텐츠는 저작자가 신고하면 곧바로 삭제될 수 있고, 반복되면 계정 제재를 당할 수도 있습니다. 또한 요즘 SNS에는 "밈(meme)"이나 짤방처럼 유행하는 이미지들이 많은데, 이것들도 처음 만든 사람이 있는 저작물일 수 있으므로 주의가 필요합니다.

기업 계정이라면 더욱 조심해야 하고, 개인이라도 창작자의 권리를 존중하는 태도가 중요합니다. 내가 올린 글과 사진이 남에게 무단으로 퍼진다면 기분 좋을 사람이 없겠지요. 같은 원칙을 기억하며,

SNS에서는 언제나 "이 콘텐츠는 누가 만들었지? 허락 없이 올려도 될까?"를 한 번 더 생각하는 습관을 들여야 합니다.

이상 살펴본 사례들처럼, 우리 주변에서 무심코 한 행동이 저작권 문제를 일으킨 경우가 적지 않습니다. 하지만 반대로 생각하면, 조금만 주의를 기울이면 이런 문제들을 충분히 예방할 수 있다는 뜻이기도 합니다. 이 책의 서문에서 다룬 유튜브, 블로그, 출판, 강의, SNS 사례들은 저작권을 몰랐을 때 겪을 수 있는 흔한 함정들입니다. 다행히도 모두 사전에 저작권 상식을 알고 대비하면 피할 수 있는 일입니다. 저작권은 창작자의 권리를 지켜줌과 동시에, 우리 모두에게 안전한 창작과 공유의 가이드라인이 되어줍니다. 이제 이어지는 본문을 통해 저작권에 대한 이해를 높이고, 일상 속에서 창작과 공유를 더욱 자유롭고 책임 있게 즐길 수 있기를 바랍니다.

••• 알아두면 좋은 저작권 핵심 용어 정리

저작권 용어

저작권에 대해 공부하다 보면 생소한 용어들이 많이 등장합니다. 아래에서는 일반인들에게 특히 헷갈리기 쉬운 저작권 관련 용어들을 골라 간결하고 쉬운 말로 풀어보았습니다. 각 용어마다 실생활 예시를 함께 들어 개념과 실무적인 의미를 이해하는 데 도움을 드리고자 합니다. 처음 접하는 분들도 부담 없이 읽을 수 있도록 최대한 쉬운 표현을 사용했습니다.

저작권

저작권은 창작자가 자신이 만든 창작물(저작물)을 독점적으로 이용할 수 있는 권리를 말합니다. 쉽게 말해, "내가 만든 건 내가 마음대로 할 수 있고, 남이 함부로 쓰지 못하게 할 수 있는 권리"입니다. 예를 들어 내가 직접 찍은 사진이나 내가 쓴 소설에는 저작권이 있어서, 다른 사람이 내 허락 없이 그 사진이나 소설을 복사하거나 배포하면 문제가 됩니다. 저작권은 창작과 동시에 자동으로 발생하며, 따로 등록하지 않아도 보호됩니다. 다만 분쟁에 대비해 저작권을 등록해 두면 창작 시점을 입증하기가 쉬워질 뿐입니다. 저작권은 크게 저작재산권과 저작인격권으로 나뉘는데, 저작재산권은 경제적인 권리, 저작인격권은 창작자의 명예와 인격을 보호하는 권리입니다. 요약하면, 저작권이란 창작자의 창작물에 대한 권리 묶음이며, 우리에게 창작물을 마음껏 활용할 수 있는 자유를 주는 한편, 남의 창작물을 존중하고 허락 없이 사용하지 말라는 약속이기도 합니다.

저작물

저작권에서 말하는 저작물이란 인간의 사상이나 감정을 표현한 창작물을 뜻합니다. 아주 쉬운 예로, 글, 그림, 음악, 사진, 영화, 소프트웨어 등이 모두 저작물이 될 수 있습니다. 중요한 것은 "아이디어 그 자체는 저작물이 아니다"라는 점입니다. 아이디어나 콘셉트는 누구나 생각할 수 있는 것이기 때문에 보호되지 않고, 그것이 실제로 표현된 구체적인 형태(글로 쓰여지거나 그림으로 그려지거나 하는 것)가 저작물로 보호됩니다. 예를 들어 "시간 여행하는 이야기를 써야지"라는 아이디어는 저작물이 아니지만, 그 아이디어를 바탕으로 쓴 소설 원고는 저작물이 됩니다. 또 창작성이 있어야 저작물로 인정되는데, 너무 짧은 문구나 일상적인 표현은 창작성이 없다고 볼 수도 있습니다. 한마디로, 저작물은 창작자의 개성과 창의성이 담긴 결과물을 의미하며, 이러한 저작물만이 저작권 보호를 받습니다.

저작재산권

저작재산권은 저작권 중에서도 경제적 가치와 관련된 권리입니다. 창작물이 돈을 벌게 해주는 측면을 통제할 수 있는 권리라고 보면 됩니다. 여기에는 복제권, 배포권, 공연권, 공중송신권, 전시권, 대여권, 2차적 저작물 작성권 등이 포함됩니다. 말이 어려운데, 하나씩 예를 들어 보겠습니다. 복제권은 작품을 복사할 수 있는 권리로, 남이 내 그림을 허락 없이 프린트하거나 복사하면 복제권을 침해하는 것입니다. 배포권은 책이나 음반 같은 저작물의 복제물을 배포(판매 또는 나눔)할 권리인데, 허락 없이 내 책을 찍어서 팔면 배포권 침해가 되겠지요. 공연권은 음악을 공연하거나 연주할 권리로, 길거리에서 내 노래를 무단으로 틀어 돈을 벌면 문제가 됩니다. 이처럼 저작재산권은 저작물을 이용해 경제적 이익을 얻을 수 있는 모든 행위를 통제하는 권리입니다. 예를 들어 내가 쓴 소설의 저작재산권을 내가 갖고 있으면, 그 소설을 영화로 만들거나 굿즈를 만들어 팔고 싶어하는 사람이 있을 때 내 허락을 받아야만 가능합니다. 저작재산권은 양도하거나 라이선스로 남에게 이용을 허락할 수도 있는데, 보통 창작자는 이 권리를 통해 경제적 보상을 얻게 됩니다. 반대로 말하면, 남이 만든 저작물을 돈 벌 목적이나 널리 퍼뜨릴 목적으로 사용할 때는 반드시 저작재산권자의 허락이 필요하다는 뜻입니다. 저작재산권은 창작자가 사망한 후에도 일정 기간(우리나라는 저작자 사후 70년)까지 유지되므로, 그 기간 안에는 저작물 사용 시 항상 권리 여부를 확인해야 합니다.

공정이용

공정이용(Fair Use)은 저작권자의 허락 없이도 저작물을 사용할 수 있는 예외 조항이지만, 실제로 인정받으려면 꽤 까다로운 기준을 충족해야 합니다.

● 공정이용의 4가지 판단 기준

1 사용 목적과 성격

- 비영리적, 교육적, 비평·논평·연구 목적이면 인정 가능성이 높다.
- 상업적 목적이거나 단순 복제일 경우 인정받기 어렵다.
- 변형적 사용(transformative use): 원 저작물에 새로운 의미나 해석을 더한 경우 유리하다.

예: 영화 장면을 비평하며 해설한 영상은 공정이용으로 인정된 사례가 있다.

※ 관련 법조문: 저작권법 제35조의5 (저작물의 공정한 이용)
※ 출처: [98] 서울지방변호사회. (2024). 「저작권 분쟁 사례집」. 서울지방변호사회.

2 저작물의 성격

- 창작성이 높은 예술 작품(소설, 영화, 음악)은 보호 강도가 높다.
- 사실 중심의 저작물(뉴스, 데이터)은 상대적으로 공정이용 인정 가능성이 높다.

예: 역사 교재의 통계 데이터를 인용한 강의는 공정이용으로 인정될 수 있다.

3 사용된 분량과 실질성

- 사용한 분량이 적어도 저작물의 핵심 부분이면 침해로 판단될 수 있다.
- 전체 중 일부라도 결말이나 클라이맥스 장면을 사용하면 위험하다.

예: 드라마의 결말 장면 5분만 사용했지만, 핵심이어서 공정이용이 부정된 사례가 있다.

4 시장 가치에 미치는 영향

- 원 저작물의 판매, 시청률, 수익에 부정적 영향을 주면 공정이용이 인정되지 않는다.
- 콘텐츠가 원작을 대체하거나 경쟁하면 침해로 간주됨. 영상 요약 콘텐츠 제작 시에는 원작의 시장 가치를 훼손하지 않도록 핵심 줄거리나 결말 부분은 피하고, 비평적 관점을 충분히 포함해야 한다.

  예: 드라마를 요약한 '패스트무비' 영상은 시청률에 영향을 줘서 공정이용이 부정됐다.

※ 관련 법조문: 저작권법 제35조의5 제1항 제4호 (저작물의 잠재적 시장이나 가치에 미치는 영향)
※ 출처: [117] 대외경제정책연구원. (2024). 「글로벌 디지털 정책 동향」. 대외경제정책연구원.

한국 저작권법에서의 공정이용

한국에서는 저작권법 제35조의5에서 공정이용을 규정하고 있습니다. 미국보다 상대적으로 엄격한 기준을 적용하며, 교육·보도·연구 목적이라도 저작권자의 정당한 이익을 해치지 않아야 인정됩니다.

● 유튜브 사례

• 인정된 사례: 영화 비평 영상
- **사례:** 유튜버 A가 영화의 특정 장면을 인용해 비평 영상을 제작.
- **판단:** 단순 복제가 아니라 해설과 비판을 덧붙여 변형적 사용(transformative use)으로 인정됨.
- **결과:** 공정이용 인정.

• 인정되지 않은 사례: 드라마 하이라이트 요약
- **사례:** 유튜버 B가 드라마의 결말 장면 5분을 요약해 영상으로 게시.
- **판단:** 분량은 적었지만 저작물의 핵심 부분을 사용해 시장 가치 훼손.
- **결과:** 공정이용 불인정, 저작권 침해로 판결.

● 인스타그램 사례

• 무단 리그램
- **사례:** 사용자가 다른 사람의 사진을 리그램하며 출처만 표기.
- **판단:** 원저작자의 동의 없이 복제·재배포는 침해. 출처 표기만으로 면책되지 않는다. SNS에서 타인의 콘텐츠를 공유할 때는 출처 표기만으로는 부족하며, 반드시 원저작자의 사전 동의를 받아야 한다.
- **결과:** 공정이용 불인정.

※ 관련 법조문: 저작권법 제16조 (복제권), 제18조 (배포권)
※ 출처: [98] 서울지방변호사회. (2024). 「저작권 분쟁 사례집」. 서울지방변호사회.

● 블로그 사례

- **인정된 사례: 교육 목적의 데이터 인용**
  - **사례:** 교육자가 역사 교재의 통계 데이터를 블로그 강의자료에 인용.
  - **판단:** 사실 중심의 저작물, 교육 목적, 출처 명시→공정이용 인정 가능성 높다.
  - **결과:** 공정이용 인정.

- **인정되지 않은 사례: 작가의 에세이 전문 복사**
  - **사례:** 블로그에 교재 속 창작 에세이를 그대로 복사해 게시.
  - **판단:** 창작성이 높은 저작물, 핵심 부분 사용 → 침해로 판단.
  - **결과:** 공정이용 불인정.

● 신문기사 사례

- **인정된 사례: 기사 일부 인용 후 논평**
  - **사례:** 블로그 글에서 신문기사 일부를 인용하고 비판적 논평을 덧붙임.
  - **판단:** 비평 목적, 출처 명시, 일부 인용 → 공정이용 인정.
  - **결과:** 공정이용 인정.

- **인정되지 않은 사례: 기사 전문 복사**
  - **사례:** 뉴스 기사 전체를 블로그에 복사해 게시.
  - **판단:** 시장 가치 훼손, 변형 없다 → 침해.
  - **결과:** 공정이용 불인정.

● 논문 사례

- **인정된 사례: 논문 데이터 인용**
  - **사례:** 학술 논문에서 공개된 통계 데이터를 다른 논문에 인용.
  - **판단:** 학술 목적, 사실 중심, 출처 명시 → 공정이용 인정.
  - **결과:** 공정이용 인정.

- **인정되지 않은 사례: 논문 서론 전체 복사**
  - **사례:** 기존 논문의 서론을 거의 그대로 복사해 제출.
  - **판단:** 창작적 표현, 핵심 부분 → 표절 및 침해.
  - **결과:** 공정이용 불인정.

● 도서 사례

- **인정된 사례: 책 일부 인용 후 비평**
  - **사례:** 독서 블로그에서 책의 일부 문장을 인용하고 해설을 덧붙임.
  - **판단:** 비평 목적, 일부 인용, 출처 명시 → 공정이용 인정.
  - **결과:** 공정이용 인정.

- **인정되지 않은 사례: 책 요약본 판매**
  - **사례:** 책 내용을 요약해 PDF로 판매.
  - **판단:** 시장 대체, 상업적 목적 → 침해.
  - **결과:** 공정이용 불인정.

저작 인격권

저작인격권은 저작물에 깃든 창작자의 명예와 인격을 보호하는 권리입니다. 경제적 이익과는 상관없이, 창작물에 대한 정신적 권리라고 할 수 있습니다. 저작인격권은 저작자 개인에게만 속하며 양도하거나 포기할 수 없고, 창작자가 살아있는 동안에만 온전히 보호됩니다(사망 후에는 명예훼손적 이용을 금지하는 정도로 제한적으로만 보호됩니다). 저작인격권에는 대표적으로 공표권, 성명표시권, 동일성유지권 세 가지가 있습니다.

예를 들어 내가 쓴 시를 누군가 내 동의 없이 책에 실었다면 공표권 침해가 될 수 있습니다. 또는 내 그림을 전시하면서 내 이름을 빼거나 다른 사람 이름을 작가로 넣었다면 성명표시권 침해가 되겠지요. 또 누군가 내 노래의 가사를 멋대로 바꿔 불렀다면 동일성유지권 침해라고 볼 수 있습니다. 요컨대, 저작인격권은 "창작자가 자신의 작품에 대해 가지는 정신적인 권리"로서, 작품을 언제 어떻게 공개할지 결정하고(공표권), 자신의 이름을 밝힐지 정하며(성명표시권), 작품의 내용이 허락 없이 변형되거나 훼손되지 않도록 요구할 수 있는 권리(동일성유지권)를 뜻합니다. 저작재산권은 돈이나 이용과 관계된 것이지만, 저작인격권은 작품에 대한 자부심과 명예를 지키기 위한 권리라고 기억하면 됩니다.

공표권

공표권은 저작자가 자신의 저작물을 대중에게 공개할지 여부와 공개 방법 및 시기를 결정할 수 있는 권리입니다. 만약 저작자의 동의 없이 저작물이 공표되었다면, 이는 공표권 침해에 해당합니다. 예를 들어, A 작가가 극본을 작성했지만 주최 측의 무리한 수정 요청으로 2차적 저작물작성권을 양도한 후, 5년 뒤 자신의 동의 없이 극본이 공연되어 왔다는 사실을 알게 되어 문제를 제기한 경우, 이는 공표권 침해로 볼 수 있습니다. 반드시, 저작재산권을 양도하더라도 공표권 등 저작인격권은 저작자에게 남아있으므로, 공표 방법과 시기에 대한 동의를 별도로 받아야 합니다.

성명표시권

성명표시권은 저작자가 저작물의 원본이나 복제물 또는 공표 매체에 자신의 실명이나 이명을 표시할 권리입니다. 이 권리는 저작물의 창작자임을 공개적으로 인정받기 위한 것으로, 저작자의 정신적 이익을 보호하는 데 목적이 있습니다. 예를 들어, 온라인 음악 플랫폼에서 작사, 작곡가, 가수 등 저작자의 이름을 표시하지 않으면 성명표시권 위반에 해당합니다. 또한, 교육부가 초등학교 교과서에 학생의 산문을 실으면서 지은이를 가공의 이름으로 표시한 것은 성명표시권 침해로 인정된 사례가 있습니다. 교육 목적이라도 저작자의 성명표시권을 침해할 수 없으므로, 실명 사용이 어려운 경우 저작자의 동의를 받아 적절한 방법을 찾아야합니다.

※ 관련 법조문: 저작권법 제12조 (성명표시권)
※ 출처: [100] 대법원. (2024).「지식재산권 관련 판례집」. 대법원.

인용

인용(引用; quotation)은 다른 저작물의 내용 중 일부를 참고로 가져와 사용하는 것을 의미합니다. 저작권법 제28조에 따르면, 공표된 저작물은 보도, 비평, 교육, 연구 등의 목적으로 정당한 범위 안에서 공정한 관행에 합치되게 인용할 수 있습니다. 이러한 인용은 저작권자의 허락 없이도 가능하며, 저작권자가 이를 거부할 수 없습니다. 다만, 인용할 때는 출처를 명확하게 밝히는 것이 필수입니다.인용 시에는 주종 관계를 명확히 하고, 인용 부분과 본문을 구분하며, 반드시 출처를 명시해야한다.

※ 관련 법조문: 저작권법 제28조 (공표된 저작물의 인용)
※ 출처: [3] 김철수. (2024). 「디지털 시대의 저작권법」. 법문사.

● 인용의 요건과 사례

인용이 적법하게 인정되려면 몇 가지 요건을 충족해야 합니다. 인용된 부분이 자기 저작물에 대해 보족, 부연, 예증, 참고 자료 등으로 이용되어 주종 관계를 가져야 하며, 인용 부분과 그 외 부분이 명확히 구분되어야 합니다. 또한, 원저작물의 수요를 대체하지 않을 정도의 분량이어야 합니다.

- **학술 논문 인용 사례:** 자신의 리포트나 논문에 다른 논문을 인용하는 것은 일반적으로 허용됩니다. 예를 들어, 특정 주장을 뒷받침하기 위해 다른 학자의 이론이나 데이터를 인용하는 경우입니다. 이때 인용한 부분에 따옴표를 붙이거나 단락을 바꾸어 본문과 구분하고, 저자명, 책명, 발행처, 발행년, 페이지 수 등을 각주나 참고문헌으로 명확히 표기해야 합니다.

- **신문 기사 및 사진 인용 사례:** 신문 기사나 사진을 정책보고서의 내용을 예증, 보충, 설명하는 용도로 인용하는 것은 적법합니다. 하지만 특정 주제별로 신문 기사나 사진을 단순히 모아 놓는 방식은 복제에 해당하므로 신문사의 허락이 필요합니다.

- **잘못된 인용 사례:** 트위터에서 타인의 프로필 이미지나 동영상 스크린샷을 인용하면서, 그 게시의 필요성이나 유용성이 인정되지 않고 인용된 부분이 주종 관계를 벗어나 화면 전체에서 눈에 띄는 방식으로 표시된 경우, 이는 합법적인 인용으로 인정되지 않고 저작권 침해로 판단될 수 있습니다. SNS에서 이미지나 영상을 인용할 때는 인용의 필요성과 주종 관계를 명확히 하고, 화면에서 과도하게 눈에 띄지 않도록 크기와 배치를 조절해야 합니다.

※ 관련 법조문: 저작권법 제28조 (공표된 저작물의 인용)
※ 출처: [117] 대외경제정책연구원. (2024). 「글로벌 디지털 정책 동향」. 대외경제정책연구원.

NFT

NFT(Non-Fungible Token)는 블록체인 기술을 기반으로 하는 '대체 불가능한 토큰'입니다. 각각의 NFT는 고유하며 다른 토큰으로 대체할 수 없는 특성을 가지고 있어서 디지털 자산의 소유권과 원본성을 증명하는 데 사용됩니다. NFT는 소유권이나 판매 이력이 블록체인에 저장되어 위변조가 불가능하며 투명하게 확인할 수 있습니다. 이는 디지털 아트, 게임 아이템, 가상 부동산 등 무한 복제가 가능했던 디지털 콘텐츠에 희소성과 소유권이라는 개념을 부여합니다.

● NFT의 활용 사례

- **디지털 아트:** 디지털 아티스트들은 NFT를 통해 자신의 작품을 판매하고 소유권을 증명합니다. 예를 들어, 비플(Beeple)의 디지털 아트 작품이 약 785억 원에 판매된 사례가 있습니다. 유명 짤방인 'Nyan Cat' 역시 NFT로 발행되어 약 60만 달러(한화 약 6억 원)에 판매되며 디지털 밈(meme) 콘텐츠가 새로운 자산 가치를 지닐 수 있음을 보여주었습니다.
  NFT 작품 거래 시에는 저작권과 소유권이 별개임을 인지하고, 구매 시 어떤 권리를 취득하는지 명확히 확인해야 합니다.

  ※ 관련 법조문: 저작권법 제2조 제1호 (저작물의 정의)
  ※ 출처: [171] 한국블록체인협회. (2024). 「NFT와 지식재산권」. 한국블록체인협회.

- **게임 및 가상 세계:** 게임 아이템을 NFT로 만들어 소유권을 거래할 수 있으며, 가상 세계에서의 부동산 거래도 NFT를 통해 이루어집니다. 예를 들어, Axie Infinity는 캐릭터를 NFT로 거래하는 게임이며, Decentraland와 같은 플랫폼에서는 가상 토지 구매가 가능합니다. NFT 게임 참여 시에는 게임 내 아이템의 실제 소유권 범위와 게임

서비스 종료 시 권리 보장 여부를 사전에 반드시 확인해야 한다.

※ 관련 법조문: 저작권법 제2조 제31호 (게임물의 정의)
※ 출처: [93] 한국게임산업협회. (2024). 「게임산업 백서」. 한국게임산업협회.

- **음악 및 영상:** 뮤지션과 영상 제작자는 NFT를 활용하여 작품을 독점적으로 판매하고 로열티를 받을 수 있습니다. 디지털 음원에 NFT를 넣어 판매하면 디지털 음원의 고유성을 인정받아 CD를 대체할 수 있으며, 2차 판매 시에도 원저작권자에게 일정 금액이 돌아가도록 설정할 수 있습니다.

- **명품 인증:** 루이비통, 구찌 같은 명품 브랜드에서는 NFT의 보안성과 증명성을 활용하여 제품의 정품 인증서를 발급할 계획을 가지고 있습니다. QR코드 등을 통해 정품 여부를 쉽게 판별하여 위조품 문제를 해결하는 데 도움이 될 수 있습니다. 명품 브랜드의 NFT 인증서 도입 시에는 기존 상표권과의 관계를 명확히 하고, 소비자가 혼동하지 않도록 안내해야 합니다.

※ 관련 법조문: 상표법 제2조 (정의)
※ 출처: [171] 한국블록체인협회. (2024). 「NFT와 지식재산권」. 한국블록체인협회.

동일성 유지권

동일성 유지권은 저작자가 자신의 저작물의 내용, 형식, 그리고 제호의 동일성을 유지할 권리를 의미합니다. 이는 저작물이 허락 없이 변경되거나, 삭제, 절단, 개변되지 않도록 보호하여 저작자의 의도를 보존하는 권리입니다. 동일성 유지권은 저작인격권에 속하므로 양도나 이전이 불가능한 일신전속권입니다. 따라서 작품을 구입했다고 해서 마다대로 변경하여 이용할 수는 없습니다.

● **동일성 유지권 침해 사례**

- **드라마 줄거리 무단 변경 사례:** 한 드라마 제작사가 작가 동의 없이 줄거리를 변경하여 드라마를 제작한 경우, 법원은 저작물의 본질을 해하는 중대한 변경으로 보아 동일성 유지권 침해를 인정하고 제작사에 손해배상 책임을 지게 했습니다. 이는 작가가 집필 계약으로 저작재산권을 양도했더라도 저작인격권인 동일성 유지권은 여전히 작가에게 남아있기 때문입니다.

  드라마나 영화 제작 시 원작의 줄거리를 변경해야 할 경우, 저작재산권 양도와 별개로 동일성유지권에 대한 작가의 동의를 받아야 합니다.

※ 관련 법조문: 저작권법 제13조 (동일성유지권)
※ 출처: [166] 한국엔터테인먼트법학회. (2024). 「퍼블리시티권 판례 동향」. 한국엔터테인먼트법학회

- **조각품 변형 사례:** 조형물 작가 A가 제작한 조각품이 지방자치단체에 의해 다른 장소로 이전되는 과정에서 해체 후 재조립되면서 변형이 발생하고 부식이 일어난 경우, 법원은 저작물의 동일성이 침해되었다고 인정하여 손해배상금을 지급하라고 판결했습니다. 공공 조형물

이전 시에는 작가와 사전 협의하고, 전문업체를 통해 원형 보존에 최선을 다해야 합니다.

※ 관련 법조문: 저작권법 제13조 (동일성유지권)
※ 출처: [168] 한국브랜드학회. (2024). 「브랜드 보호와 지식재산권」. 한국브랜드학회.

- **음악 미리 듣기 서비스 사례:** 음악의 일부를 잘라서 제공하는 미리 듣기 서비스의 경우, 판례는 이용되는 부분이 원저작물의 통상적인 이용 방법을 따르고 저작자의 사상이나 감정이 왜곡되거나 내용이나 형식이 오인될 우려가 없다면 동일성 유지권 침해로 보지 않습니다.

※ 관련 법조문: 저작권법 제13조 제2항 (동일성유지권의 제한)
※ 출처: [132] 한국저작권위원회. (2024). 「저작권 분쟁 조정 사례집」. 한국저작권위원회.

- **프로야구 응원가 개사 사례(부정된 경우):** 프로야구 응원가가 원곡의 일부를 변경하여 사용되었지만, 관중의 흥을 돋우는 용도로만 사용되었고 원곡과 차이가 거의 나지 않는 경우, 법원은 동일성 유지권 침해가 아니라고 판결했습니다. 이는 동일성 유지권이 절대적인 권리가 아니며, 저작물의 이용 목적이나 성질, 형태에 따라 필요한 경우에는 동일하게 유지하지 않아도 된다는 판단에 따른 것입니다. 응원가 개사 시에는 원곡의 본질적 부분을 해치지 않고, 이용 목적과 성격에 비추어 부득이한 변경 범위 내에서 진행하면 좋습니다.

※ 관련 법조문: 저작권법 제13조 제2항 (동일성유지권의 제한)
※ 출처: [132] 한국저작권위원회. (2024). 「저작권 분쟁 조정 사례집」. 한국저작권위원회.

실연자권

실연자권은 「저작권법」상 저작인접권의 일종으로, 가창, 연주, 연기, 무용, 구연, 낭독 그 밖의 예능적인 방법으로 저작물을 표현하거나 저작물이 아닌 것을 이와 유사한 방법으로 표현하는 실연을 하는 자에게 부여되는 권리입니다. 실연자에는 실연을 지휘, 연출 또는 감독하는 자도 포함됩니다. 저작물의 직접적인 창작자는 아니지만, 저작물의 해석이나 전달을 통해 그 가치를 증진시키는 실연자들의 기여를 보호하는 권리입니다. 실연자들은 성명표시권과 동일성 유지권 같은 인격적 권리와 복제권, 배포권, 대여권, 공연권, 방송권, 전송권 등의 재산적 권리를 가집니다.

● 실연자권 사례

- **음악 실연자권:** 음악을 노래하거나 연주, 지휘하는 가수, 연주인, 지휘자 등은 음악 실연자로서 저작인접권자에 해당합니다. 이들의 실연이 녹다된 음반이 인터넷으로 전송되거나 방송, 공연 등에 사용될 경우 저작인접권료가 발생합니다.

- **방송 실연자권:** 드라마나 영화에서 연기 실연을 하는 탤런트, 성우, 코미디언 등은 방송 실연자에 해당합니다. 이들이 출연료를 받고 참여한 방송물이 최초 방송 이후 재방송되거나 비디오테이프로 제작되어 배포되는 경우, 또는 인터넷상에서 전송 서비스되는 경우 저작인접권료가 발생합니다.

- **영상 저작물 특례:** 영화나 드라마 등 영상 저작물에는 수백 명의 실연자들이 참여하므로, 개별 실연자에게 일일이 허락을 받는 것이 현실적으로 어렵습니다. 이를 위해 저작권법 제100조 제3항은 별도의 특약이 없는 한 영상 저작물 제작에 협력할 것을 약정한 실연자들의 권리가 영상 제작자에게 양도된 것으로 추정하는 특례 규정을 두고 있습니다. 하지만 영상 저작물이 본래 의도하지 않은 목적으로 광고 등에 활용되는 경우, 실연자는 저작인접권 침해를 주장할 수 있습니다.

메타데이터

메타데이터는 '데이터에 대한 데이터'를 의미하며, 다른 데이터를 설명하고 관리하기 위해 사용되는 구조화된 정보입니다. 원본 데이터의 특성, 의미, 구조, 관계 등을 설명하다으로써 데이터를 이해하고 효율적으로 활용할 수 있도록 돕는 필수적인 요소입니다. 예를 들어, 사진의 촬영 날짜, 장소, 카메라 정보, 파일 크기, 이미지 크기 등이 메타데이터에 해당합니다.

● **메타데이터의 활용 사례**

- **도서관 자료 관리:** 도서관에서 사용하는 메타데이터는 도서의 제목, 저자, 출판사, 발행일, 주제 등을 나타내어 이용자가 도서를 쉽고 빠르게 찾을 수 있도록 돕습니다.

- **웹사이트 검색 엔진 최적화(SEO):** 웹사이트의 메타데이터(제목, 설명, 키워드 등)는 검색 엔진이 웹사이트를 분류하고 검색 결과에 표시하는 데 사용됩니다. 이는 사용자가 페이지를 식별하고 선택하는 데 도움이 됩니다.

- **음악 저작권 관리:** 음악 분야에서 메타데이터는 곡명, 작곡가, 연주자 등 음원을 설명하는 부가 정보를 뜻하며, 정확한 메타데이터는 음악이 디지털 환경에서 제대로 식별되고 유통되기 위한 필수 요소입니다. 부정확하거나 누락된 메타데이터는 저작권자 추적을 어렵게 하여 정당한 수익 창출 기회를 놓치게 할 수 있습니다. 이러한 문제를 해결하기 위해 블록체인 기술과 스마트 계약을 도입하여 투명한 메타데이터 관리 체계를 구축하려는 시도가 진행 중입니다.

- **사진 관리:** 휴대폰으로 사진을 찍으면 촬영 날짜, 시간, 파일 크기, 이미지 크기 등 메타데이터가 자동으로 첨부됩니다. 소셜 미디어에서는 사진에 사람이나 위치를 태그하여 더 많은 메타데이터를 추가할 수 있으며, 이는 나중에 사진을 검색할 때 유용합니다.

MIT 라이선스

MIT 라이선스는 미국 매사추세츠 공과대학교(MIT)에서 만든 개방형 소스 라이선스로, 소프트웨어 사용, 수정, 배포, 판매에 대한 매우 유연하고 자유로운 조건을 제공합니다. 이 라이선스의 주요 특징은 최소한의 의무만을 요구한다는 점입니다. 즉, 소프트웨어의 모든 복제물이나 중요한 부분에 원본 저작권 및 라이선스 고지 내용을 포함하기만 하면 됩니다.

● MIT 라이선스의 특징과 사례

- **자유로운 사용 및 배포:** MIT 라이선스가 적용된 소프트웨어는 상업적, 개인적 용도를 포함하여 어떤 목적이든 제한 없이 자유롭게 사용, 수정, 배포 및 재라이선스할 수 있습니다. 소스 코드 공개 의무도 없습니다.

- **책임 면제:** 이 라이선스는 소프트웨어 사용 과정에서 발생하는 어떠한 손해에 대해서도 저작권자나 기여자가 책임을 지지 않음을 명시합니다. 따라서 소프트웨어는 '있는 그대로(AS IS)' 제공됩니다.

- **다른 라이선스와의 호환성:** MIT 라이선스는 오픈 소스 및 독점 라이선스 모두와 호환성이 높아서, MIT 라이선스 소프트웨어를 다른 라이선스를 사용하는 프로젝트에 통합할 수 있습니다.

● 주요 사용 사례

- **Node.js:** 서버 측 자바스크립트 실행 환경인 Node.js는 MIT 라이선스를 따릅니다.

- **React:** 페이스북에서 개발한 자바스크립트 라이브러리 React 또한 MIT 라이선스를 채택하고 있습니다.

- **Ruby on Rails:** 루비 언어 기반의 웹 애플리케이션 프레임워크인 Ruby on Rails도 MIT 라이선스를 따릅니다.

- **jQuery:** 웹 프론트엔드에서 자주 사용되는 자바스크립트 라이브러리 jQuery 역시 MIT 라이선스를 채택하고 있습니다.
- **유니티 엔진 에셋:** 게임 개발 엔진 유니티 에셋 중 Better Streaming Assets와 같이 무료로 이용 가능한 에셋도 MIT 라이선스를 달고 배포됩니다. 이때 README.txt 파일 등에 라이선스 내용이 표기됩니다.

MIT 라이선스 소프트웨어 사용 시에는 원본 저작권 및 라이선스 고지 내용을 반드시 포함하고, 상업적 사용도 자유롭지만 책임은 사용자가 집니다.

※ 관련 법조문: 저작권법 제2조 제10호의2 (프로그램의 정의)
※ 출처: [177] 한국소프트웨어저작권협회. (2024). 「소프트웨어 저작권과 라이선스」. 한국소프트웨어저작권협회.

KOGL

"KOGL"은 "Korea Open Government License"의 약자로, 한국의 공공저작물 자유이용 허락 표시제도를 의미합니다. 이 제도는 공공기관이 생산한 저작물의 이용 조건을 명시하고 자유로운 이용을 촉진하기 위해 만들어졌습니다.

KOGL에 대해 더 자세히 설명하면 다음과 같습니다.

1. **목적:** 공공저작물의 민간 활용을 촉진하고 행정의 투명성을 높이기 위함입니다.
2. **유형:** 총 4가지 유형이 있으며, 이용 조건에 따라 구분됩니다.
   - 제1유형: 출처표시
   - 제2유형: 출처표시 + 상업적 이용금지
   - 제3유형: 출처표시 + 변경금지
   - 제4유형: 출처표시 + 상업적 이용금지 + 변경금지
3. **사용 방법:** 공공데이터 사용 시 KOGL 유형을 확인하고, 각 유형에 맞는 이용조건을 준수해야 합니다.
4. **법적 근거:** '공공저작물의 자유이용에 관한 고시'에 기반하고 있습니다.
5. **실무 팁:** 공공데이터 활용 시 반드시 KOGL 유형을 확인하고, 특히 제1유형(출처표시)의 경우 가장 자유로운 이용이 가능하므로 이를 활용하면 좋습니다.

KOGL은 공공정보의 개방과 공유를 통해 창조경제를 활성화하고 국민의 알 권리를 보장하는 중요한 제도입니다. "KOGL"은 "Korea Open Government License"의 약자로, 한국의 공공저작물 자유이용 허락 표시제도를 의미합니다. 이 제도는 공공기관이 생산한 저작물의 이용 조건을 명시하고 자유로운 이용을 촉진하기 위해 만들어졌습니다.

TPP(Trans-Pacific Partnership)

TPP는 '환태평양경제동반자협정'의 영어 약자입니다. 이것은 여러나라들이 서로 물건을 사고팔기 쉽게 만들기 위해 맺은 큰 약속입니다.

- **Trans:** "걸쳐있는", "가로지르는"이라는 의미로, 여러 국가를 아우른다는 뜻입니다.
- **Pacific:** 태평양을 의미합니다.
- **Partnership:** 동반자 관계, 협력 관계를 뜻합니다.

따라서 Trans-Pacific Partnership은 "태평양을 걸친 국가들 간의 협력 관계"라는 의미를 담고 있습니다. 이 협정은 태평양 연안의 여러 국가들이 참여하여 무역, 투자, 경제 협력 등을 증진시키기 위해 맺은 다자간 자유무역협정입니다.

TPP는 2015년에 12개국이 합의했으나, 2017년 미국의 탈퇴 후 나머지 11개국이 CPTPP(Comprehensive and Progressive Agreement for Trans-Pacific Partnership, 포괄적·점진적 환태평양경제동반자협정)라는 새로운 형태로 협정을 이어가고 있습니다.

어린이들이 장난감을 교환할 때 규칙을 정하는 것과 비슷하지만, 이건 어른들이 나라와 나라 사이에서 합니다.
TPP의 목적은 기업들이 다른 나라에 물건을 더 쉽게 팔 수 있게 해서 돈을 더 많이 벌게 하는 것입니다.

어떤 사람들은 이게 경제에 좋다고 생각하지만, 또 어떤 사람들은 우리나라 일자리가 줄어들까 봐 걱정하기도 합니다.

이 협정으로 인해 저작권법 같은 여러 법률에도 변화가 생길 수 있습니다. 예를 들어, 일본에서는 TPP 때문에 저작권 보호 기간이 더 길어졌습니다.

2차적 저작물 작성권

원작을 바탕으로 새롭게 만들어낸 창작물(2차적 저작물)을 만들 수 있는 권리입니다. 예를 들어, 인기 소설을 영화로 만들거나, 외국 노래를 한국어로 번안해서 부르는 경우가 해당됩니다. 이 권리는 원작자에게 있기 때문에, 2차 창작을 하려면 반드시 원작자의 허락을 받아야 합니다.

업무상 저작물

회사에 소속된 직원이 업무의 일환으로 만든 창작물을 말합니다. 특별한 계약 조건이 없다면, 이 창작물의 저작권은 개인이 아닌 회사에 귀속되는 경우가 많습니다. 예를 들어, 게임 회사 디자이너가 회사에서 업무로 만든 캐릭터의 저작권은 보통 회사 소유가 됩니다.

퍼블리시티권

유명인의 얼굴, 이름, 목소리 등이 갖는 경제적인 가치를 보호하는 권리입니다. 연예인이나 스포츠 스타처럼 널리 알려진 사람들의 초상을 허락 없이 광고나 상품에 사용하면 이 권리를 침해하게 됩니다. 초상권이 인격적인 권리에 가깝다면, 퍼블리시티권은 재산적인 권리에 더 가깝다고 볼 수 있습니다.

부정경쟁방지법

저작권법만으로는 보호하기 어려운 새로운 유형의 '얌체 행위'를 막기 위한 법입니다. 예를 들어, 아주 유명한 책 제목이나 캐릭터 이름을 비슷하게 따라 해서 사람들이 헷갈리게 만들거나, 다른 사람이 많은 노력과 투자로 만든 성과물을 공짜로 베껴서 이익을 얻는 행위 등을 막아줍니다.

퍼블릭 도메인 (공개 도메인, 저작권 만료)

퍼블릭 도메인(public domain)이란 저작권 보호 기간이 끝나 누구나 자유롭게 활용할 수 있는 상태를 말합니다. 모든 저작물은 영원히 보호되는 것이 아니라 일정 시간이 지나면 퍼블릭 도메인이 되어 사회의 공통 자산처럼 쓰이게 됩니다. 우리나라에서는 저작자가 사망한 후 70년이 지나면 그 작품의 저작재산권이 만료됩니다(저작권 보호기간이 끝난 해의 다음해 1월 1일을 기산). 예를 들어 일제 강점기 시절의 문학작품이나, 모짜르트, 베토벤 같은 고전 음악 작품들은 이미 저작권 보호기간이 지나서 퍼블릭 도메인이 되었습니다. 그렇기 때문에 우리가 별도의 허락 없이도 베토벤 교향곡을 연주하거나, 고전 소설을 자유롭게 출판할 수 있는 것이죠. 하지만 퍼블릭 도메인이라도 주의할 점이 있습니다.

첫째, 원작은 퍼블릭 도메인이어도 새로운 번역본이나 편곡에는 그 번역자나 편곡자의 저작권이 있을 수 있습니다. 예를 들어 《홍길동전》 원문은 퍼블릭 도메인이지만, 현대어로 쉽게 풀어 쓴 번역본에는 번역자의 권리가 생깁니다. 둘째, 음악의 경우 녹음에 대한 권리(저작인접권)가 따로 있어서, 아무리 옛날 곡이라도 최근에 녹음된 음원은 음반 제작자에게 권리가 있을 수 있습니다. 예를 들어 쇼팽 곡 자체는 퍼블릭 도메인이지만, 2020년에 녹음된 피아노 연주 음원은 그 연주자나 음반사의 권리가 존재합니다. 따라서 퍼블릭 도메인 작품을 이용할 때 "원작 자체는 자유롭게 쓸 수 있지만, 그 구체적인 매체나 버전에 다른 권리가 걸려 있지는 않은지" 확인해야 합니다.

퍼블릭 도메인 자원을 잘 활용하면 저작권 걱정 없이 창작할 수 있지만, 그 경계와 적용 범위를 정확히 이해하고 있어야 실수 없이 쓸 수 있습니다. 요약하면, 퍼블릭 도메인은 저작권이 풀린 공유 자산이지만, 관련된 다른 권리까지 모두 풀리는 것은 아니니 꼼꼼한 확인이 필요하다는 것입니다.

크리에이티브 커먼즈 라이선스 (CC 라이선스)

크리에이티브 커먼즈 라이선스(CCL)는 저작권자가 자신의 창작물을 일정 조건 하에 누구나 자유롭게 이용하도록 허락하는 표준 약관입니다. 어려운 말이지만, 쉽게 말해 "내 작품을 이런 이런 조건만 지키면 가져다 써도 좋아"라고 미리 공개 선언하는 것입니다. 예를 들어 사진작가가 자기 사진에 CC 라이선스를 붙여 "비영리 목적으로는 자유롭게 사용 가능, 단 내 이름을 표시할 것"이라는 조건을 걸어둘 수 있습니다. 그러면 다른 사람은 그 사진을 상업 목적이 아닌 블로그나 발표 등에 사진작가에게 따로 연락해 허락을 구하지 않아도 자유롭게 사용할 수 있습니다(대신 사진작가 이름을 밝혀야 하고, 상업 이용은 금지되는 식입니다). CC 라이선스에는 몇 가지 종류가 있어서, BY(저작자표시), NC(비영리), ND(변경금지), SA(동일조건변경허락)의 조합으로 조건을 표시합니다.

예를 들어 CC BY-NC-SA라면 "저작자 표시, 비영리 목적, 동일한 라이선스 조건 하에 변경 허락" 정도로 풀이됩니다. 이러한 CC 라이선스는 오픈 콘텐츠 운동의 일환으로 만들어져, 저작권자가 자신의 권리를 유연하게 공유할 수 있게 해주고 이용자도 편하게 창작물을 쓸 수 있게 돕습니다. 실생활에서는 위키피디아의 글이나 플리커의 일부 사진, 유튜브에서 CC 표시된 영상 등이 CC 라이선스로 배포되고 있습니다. 다만 CC라이선스가 붙었다고 해서 완전히 제한 없이 쓸 수 있는 건 아니니, 제시된 조건(예: 출처 표기, 비영리 목적만 사용 등)을 반드시 지켜야 합니다. 요약하면, 크리에이티브 커먼즈는 저작권자와 사용자 모두에게 윈윈이 되는 편리한 저작물 이용 허락 표시이며, 우리도 블로그에 글을 쓸 때 "내 글 퍼가도 돼요, 단 상업적 이용은 말아요"라는 식으로 CC 라이선스를 활용할 수 있습니다.

표절 vs 저작권 침해

일반인들이 표절과 저작권 침해를 혼동하는 경우가 많습니다. 둘 다 남의 것을 베꼈다는 점에서 비슷해 보이지만, 표절은 "창작 윤리"의 문제이고 저작권 침해는 "법적 권리"의 문제라는 차이가 있습니다.

표절이란 남의 아이디어나 창작물을 적절한 출처 표시 없이 슬쩍 베껴서 자기 것처럼 발표하는 것을 말합니다. 예를 들어 학술 논문에서 남의 문장을 가져왔는데 인용 표시를 안 했다면 표절입니다.

표절은 학계나 예술계에서 신용을 잃게 만드는 비윤리적 행위지만, 모든 표절이 법적으로 처벌되는 것은 아닙니다. 저작권 침해는 남의 저작물을 저작권자의 허락 없이 이용해서 법을 어기는 경우를 말합니다. 예를 들어 소설의 일부를 무단 발췌해 상업 출판물에 넣었다면 저작권 침해입니다. 큰 차이점은, 저작권 침해는 저작권이 유효한 경우에만 성립한다는 것입니다. 만약 어떤 행위가 표절이더라도, 표절당한 원작이 이미 퍼블릭 도메인이 되었거나 저작권 보호 대상이 아니면 법적으로 처벌받진 않습니다. 하지만 여전히 표절 자체는 윤리적으로 문제가 되겠지요. 한편, 표절은 주로 학술이나 예술적 맥락에서 "베꼈다"는 판단으로, 법적 기준이라기보다 평판의 문제입니다.

반면 저작권 침해는 법률로 정해진 기준(실질적 유사성 등이 있으면 침해로 봄)에 따라 판단되고 손해배상이나 처벌로 이어질 수 있습니다. 예를 들어 학생이 인터넷에서 자료를 복사해 리포트를 냈다면 이는 표절로 볼 수 있고 학교에서 징계받을 수 있지만, 그 학생을 저작권 침해로 고소하지는 않습니다. 그러나 그 자료를 만든 저작권자가 볼 때 자신의 허락 없이 자료가 복제되어 배포되었다면 민사적으로 문제 삼을 여지는 있습니다. 정리하면, 표절은 도덕적 차원의 베끼기 문제, 저작권 침해는 법적 차원의 무단 이용 문제입니다. 둘 다 하지 말아야겠지만, 특히 저작권 침해는 법적 책임이 따른다는 점에서 각별한 주의가 필요합니다. 다른 사람의 콘텐츠를 사용할 때는 출처를 밝히는 것뿐만 아니라, 저작권자의 허락이 필요한지 여부까지 항상 확인해야 합니다.

출판권과 판권

책이나 만화에서 흔히 "판권 소멸" 또는 "판권 본사에 있음" 같은 말을 보곤 합니다. 여기서 말하는 판권(版權)은 사실 법률 용어로 정확하게 말하면 출판권을 가리킵니다. 출판권은 저작권자가 출판사 등에게 부여하는 "이 저작물을 인쇄해서 발행할 수 있는 권리"입니다. 예를 들어 소설가가 출판사와 계약을 맺을 때 출판사에 일정 기간 독점적으로 책을 낼 수 있는 권리를 주는데, 이것이 출판권 설정입니다. 출판권을 설정받은 출판사는 그 책을 찍어서 팔 권리를 갖게 되며, 다른 출판사는 마음대로 그 책을 낼 수 없게 됩니다.

판권이라는 말은 원래 일본 등에서 출판권을 일상적으로 이르는 표현인데, 우리나라 법에는 등장하지 않는 용어입니다. 그러나 관행적으로 출판계에서는 "판권을 얻는다" "판권을 샀다"라는 표현을 쓰다 보니 일반인에게도 익숙해졌습니다. 실무적으로는 판권 = 출판권으로 이해하면 되고, 책 첫 페이지에 "판권 소유: ○○출판사"라고 적힌 것은 "이 책의 출판권은 ○○출판사가 가지고 있다"는 의미입니다.

출판권은 저작권 중 배포권의 일종으로, 저작권자와 계약으로 설정하며 일정 기간과 조건을 정해 집행됩니다. 판권 소멸이라고 하면 그 계약 기간이 끝나 더 이상 해당 출판사가 독점 권리를 갖지 않는다는 뜻입니다. 일반 독자 입장에서는 굳이 출판권과 판권의 차이를 깊이 알 필요는 없지만, 정확한 법적 표현은 출판권임을 알아두면 좋습니다. 만약 창작자가 본인의 책을 출판하고자 할 때 출판사와 "판권 계약"을 할 텐데, 그 계약서에도 실제 조항 명칭은 "출판권 설정 계약"으로 되어 있습니다. 요컨대, 판권이라는 용어는 관용적 표현일 뿐이고, 저작권법에서는 출판권으로 정의된다는 점을 이해하면 됩니다.

소진 이론 (First Sale Doctrine)

소진 이론은 저작권자가 자신의 저작물 복제물을 합법적으로 판매한 후에는, 그 복제물의 소유권자가 저작권자의 허락 없이 해당 복제물을 재판매하거나 양도할 수 있다는 원칙입니다. 예를 들어, 종이책을 구매한 사람은 그 책을 중고 서점에 다시 팔아도 저작권 문제가 발생하지 않습니다. 하지만 전자책이나 오디오북과 같은 디지털 파일에는 이 소진 이론이 적용되지 않아 재판매가 원칙적으로 금지됩니다. 이는 디지털 파일의 복제가 물리적 복제와 달리 무한하고 용이하며, 원본의 가치를 크게 훼손할 수 있기 때문입니다.

Part02

저작권 실무 가이드
일상 속 궁금증 해소
FAQ
자주 묻는 질문

Q1 지식재산권은 어떻게 분류되나요?

A 지식재산권은 크게 산업재산권, 저작권, 신지식재산권으로 나뉩니다.

- 산업재산권은 실용·경제 산업 분야에서 나온 창작물을 보호하는 권리로, 특허권, 실용신안권, 디자인권, 상표권 등이 있습니다.

- 저작권은 문학, 미술, 음악, 사진, 영화, 무용 등 문화 분야의 창작물을 보호하는 권리로, 저작인격권, 저작재산권, 저작인접권 등을 포함합니다.

- 신지식재산권은 전통적인 산업재산권이나 저작권 외에 20세기에 들어 새롭게 나타난 경제적 가치를 지닌 지적 창작물을 보호하는 권리로, 퍼블리시티권, 반도체칩 회로 배치 설계권, 생명공학기술권, 영업비밀보호권 등이 있습니다.

Q2 누가 저작자가 될 수 있나요?

A 자신의 사상이나 감정을 창작성 있는 표현으로 작품에 나타낸 사람, 즉 창작에 기여한 사람만이 저작자가 됩니다.

- 저작자가 아닌 경우는 창작의 모티프나 동기만 제공한 사람, 저작자의 지휘 감독 아래 단순 작업에 종사한 조수(예: 소설가가 구술하는 내용을 필기하여 원고를 작성한 사람, 영상 콘텐츠 제작 시 장비 준비 및 설치한 사람, 진행자가 작성한 스크립트를 PPT 파일로 만든 사람, 교수가 논문 작성 시 자료 정리를 도와준 조교 등), 창작을 의뢰한 자, 감수자, 교정자 등이 있습니다.

Q3 공동으로 콘텐츠를 제작한 경우 저작권은 어떻게 되나요?

A 공동 제작된 콘텐츠는 '결합 저작물' 또는 '공동 저작물'로 분류될 수 있습니다.

- 결합 저작물은 각자의 기여 부분을 분리해서 이용할 수 있는 경우
 (예: 문제집 해설 영상에서 각자 맡은 문제 설명)를 말합니다.
- 공동 저작물은 각자의 기여 부분을 분리해서 이용하는 것이 불가능한 경우
 (예: 작가와 촬영자가 함께 만든 영상)로, 권리 행사 시 제작에 참여한 전원 합의가 필요합니다.
- 공동 작업 시 권리 행사 방법이나 정산 방법 등을 미리 계약서 같은 서면으로 서로 합의해 두는 것이 중요합니다.

Q4 '업무상 저작물'이란 무엇이며, 저작권은 누구에게 귀속되나요?

A '업무상 저작물'은 회사가 저작자가 되는 저작물을 말합니다. 업무상 저작물이 되기 위한 5가지 조건은 다음과 같습니다.

- 회사가 콘텐츠 제작을 기획해야 합니다.
- 회사 업무에 종사하는 자가 작성해야 합니다.
- 업무상 작성하는 콘텐츠여야 합니다.
- 회사 명의로 공표되는 것이어야 합니다.
- 계약 또는 근무 규칙 등에 다른 규정이 없어야 합니다.

이 조건을 충족하면 저작권은 회사에 귀속됩니다.

Q5 저작권 침해 시 발생하는 주요 권리 침해 유형은 무엇인가요?

A 주요 저작권 위반 위험 권리는 다음과 같습니다.

- **동일성 유지권:** 저저작인격권의 하나로, 다른 사람의 저작물을 이용할 때 내용, 형식, 제목 등을 저작자의 의사에 반하여 함부로 변경하면 침해됩니다.
- **복제권 및 배포권:** 저작물을 복제하거나 대중에게 배포할 수 있는 권리입니다. 출판 사업자는 자신이 제작한 책의 복제권, 배포권을 가집니다. 대여권과 전송권을 가지려면 저작권자와 따로 계약해야 합니다.
- **2차적 저작물 작성권:** 원저작물을 번역, 편곡, 변형, 각색 등의 방법으로 창작하여 얻은 새로운 저작물에 대한 권리입니다. 원저작물과 똑같지는 않지만 실질적으로 유사하게 만들었다면 표절이 되어 침해됩니다.

Q6 초상권과 퍼블리시티권은 무엇이며 어떻게 다른가요?

A 초상권은 자신의 얼굴, 모습, 이름, 이미지 등이 허락 없이 촬영되거나 이용되지 않을 인격적 권리입니다. 침해 시 위자료 배상 책임이 발생할 수 있습니다.

퍼블리시티권은 자신의 초상이나 이름 등을 상업적으로 이용할 수 있는 재산적 권리입니다. 침해 시 재산적 손해배상 책임이 발생할 수 있습니다.

Q7 '부정경쟁방지법'은 어떤 상황에 적용될 수 있나요?

A 부정경쟁방지법은 '부정 경쟁방지 및 영업비밀 보호에 관한 법률'로, 주로 '혼동 초래 행위'와 '성과 도용 행위'에 적용됩니다.

- **혼동 초래 행위:** 널리 알려진 제목, 캐릭터 명칭, 슬로건 등을 헷갈리게 이용하여 이익을 얻는 행위를 금지합니다. 저작권법이 제목을 보호하지 않는 경우에도 이 법에 의해 보호될 수 있습니다.

- **성과 도용 행위:** 부정한 수단으로 타인의 상당한 노력과 투자로 만들어진 성과나 아이디어를 취득하여 경쟁자의 영업을 방해하는 행위를 금지합니다. 저작권법으로 보호받지 못하는 창작물(예: 피부과 Before & After 사진)도 이 법에 의해 보호될 수 있습니다.

Q8 저작권 침해 시 민형사상 책임은 어떻게 되나요?

A 저작권 침해는 민형사상 책임을 지게 됩니다. 형사 책임은 고의적 침해일 경우에만 가능하며, 무심결에 실수로 침해한 경우에는 처벌하기 어렵습니다. 그러나 실수라 해도 민사 책임(손해배상)은 져야 합니다. 1차 경고를 받으면 그때부터 중지하지 않는다면 처벌받을 수 있습니다.

Q9 저작권 관련 교육은 어디서 받을 수 있나요?

A 한국저작권위원회에서 운영하는 '저작권 교육 포털'과 '저작권 e-배움터'에서 다양한 저작권 교육을 받을 수 있습니다. 여기서는 온라인 원격교육(교원 직무연수, 공공기관 SW 의무 등), 대면 교육(찾아가는 교육, 체험교실, 실무역량 강화 교육 등) 등을 제공하며, 저작권의 단계별 학습과 실무 역량 강화를 위한 콘텐츠를 제공합니다.

Q10 강의 자료에 인터넷에서 가져온 이미지나 유튜브 영상을 사용해도 되나요?

A 침해 소지가 있습니다. 웹상의 이미지나 유튜브 영상도 저작권 보호 대상이며, 무단 사용은 위법입니다.

● **피하는 방법**

- **이미지:** 저작권자가 명시적으로 상업적 사용을 허용한 이미지(예: Unsplash, Pixabay, Pexels의 CCO 라이선스 이미지 등)를 사용하고 출처를 명확히 기재해야 합니다.

- **유튜브 영상:** 유튜브에서 '공유' 기능을 이용하거나 크리에이티브 커먼즈(CC-BY) 영상만 사용해야 합니다. 다운로드 후 편집은 금지되며, 링크로 연결하여 실시간 스트리밍은 가능합니다.

- **교과서 캡처:** 부분적 인용은 가능하나, 전체나 핵심 내용 제공은 침해 위험이 큽니다. 교육 목적의 공정 이용 범위 내에서 10% 이내, 출처 명시, 재판매 금지 조건 등 공정이용 요건을 충족시켜야 합니다.

- 강의 자료는 '교육 목적'이라도 사용량과 방식에 따라 침해가 될 수 있으므로, 공정 이용 기준(목적, 저작물의 성격, 사용 범위, 시장에 미치는 영향 등)에 따라 제한적으로 사용해야 합니다. 상업성 유무가 핵심 기준입니다.

교육 목적 공정이용은 '10% 이내'라는 절대적 기준이 아니라 사용 목적과 성격, 저작물의 성격, 사용된 분량과 실질성, 시장 가치에 미치는 영향을 종합적으로 고려하여 판단해야 합니다.

※ 관련 법조문: 저작권법 제35조의5 (저작물의 공정한 이용)
※ 출처: [61] 한국저작권위원회. (2024). 「저작권 교육 자료집」. 한국저작권위원회.

Q11 강사가 만든 강의 자료의 저작권은 강사에게 있나요, 회사에 있나요?

A 원칙적으로 강사에게 귀속됩니다. 단, 고용계약 내용에 따라 달라질 수 있으므로 계약서에 명확히 규정해야 합니다. 소속 기관의 직원이 업무상 작성하고 기관 명의로 공표되는 경우 '업무상 저작물'로 간주되어 회사에 귀속될 수 있습니다. 외부 강사 계약 시에는 "저작권은 강사에게 있다"을 명시할 필요가 있습니다.

Q12 자신의 강의 영상이 수강생에 의해 녹화·공유되는 경우 법적으로 대처할 수 있나요?

A 강사의 저작권 및 퍼블리시티권(초상권) 침해에 해당합니다.

● **피하는 방법**
강의 시작 전 녹화 금지 고지, 수강생 서약서 활용, 위반 시 법적 책임 고지 및 민형사 대응이 가능합니다. 강의 녹화본을 유튜브나 LMS에 업로드할 때 학생의 얼굴, 이름, 발언 등이 포함되면 초상권 및 개인정보 보호법 위반 소지가 있으므로, 사전 서면 동의서 확보, 혹은 편집 시 모자이크 및 이름 삭제 등 조치가 필요합니다.

Q13 강사 스스로 만든 교안, 워크북, 학습자료의 저작권 등록은 가능한가요?

A 가능합니다. 한국저작권위원회 또는 문서 공증, 저작권 등록 시스템(COKL)을 통해 등록할 수 있습니다. 이는 창작자 이름과 창작 시점을 입증하는 용도로도 활용됩니다.

Q14 로열티 프리(Royalty-Free) 스톡 이미지 구매 시, 로고나 브랜드가 노출된 이미지를 광고에 사용해도 되나요?

A 주의해야 합니다. 스톡 이미지는 '재판매·재배포'가 금지되는 경우가 많으며, 이미지 내에 모델이나 상표권 침해(예: 브랜드 로고 노출)가 발생할 수 있으므로 주의해야 합니다. 이는 구매한 라이선스의 범위와는 별개로 추가적인 법적 문제를 야기할 수 있습니다.

Q15 공공기관 자료를 인용하거나 일부 수정해 사용하는 것도 허락이 필요한가요?

A 모든 공공기관 자료가 자유롭게 사용 가능한 것은 아닙니다. 저작권 표시가 있거나 'KOGL 자유이용 허락 표시'가 없는 경우에는 가공하거나 수정할 경우 반드시 허락이 필요합니다.

> ● **피하는 방법**
> 공공저작물 자유이용 허락표시(KOGL) 중 제1유형(출처표시만 하면 자유이용 가능)인 자료만 가공 및 재배포가 가능합니다. 공공누리(kogl.or.kr) 또는 공유마당(gongu.copyright.or.kr)에서 라이선스 유형을 반드시 확인해야 합니다. 기관 보고서를 그대로 인용하고자 할 경우, 원기관에 서면 요청 후 승인을 받아두는 것이 안전합니다.
> 공공데이터 사용 시에는 KOGL 유형을 반드시 확인하고, 제1유형(출처표시)부터 제4유형(출처표시-상업적이용금지-변경금지)까지 각각의 이용조건을 준수해야 합니다.

※ 관련 법조문: 공공저작물의 자유이용에 관한 고시
※ 출처: [70] 방송통신위원회. "온라인 플랫폼 규제 동향". www.kcc.go.kr

Q16 한국저작권위원회는 어떤 서비스를 제공하나요?

A 한국저작권위원회는 저작권 보호 및 올바른 이용을 돕는 다양한 서비스를 제공합니다.

● **주요 서비스**

저작권 등록, 분쟁 조정·알선, 심의, 공유저작물 수집·제공(공유마당), 저작권 상담(상담센터, 챗봇, 화상, 내방 등), 해외 진출 법률상담, 저작권 교육, 저작물 유통 지원(UCI), 기술 성능평가, 감정, 저작권 인증, SW 임치, 법정허락, 중소기업 지원, 저작권 법률지원센터, 저작권 도서관.

• **주요 업무 분야:** 위원회는 저작권 분쟁을 신속하고 공정하게 해결하는 조정 업무, 창작물 이용 실무 가이드 제공, AI 시대 저작권 규칙 제시, 디지털 콘텐츠 저작권 보호 등을 수행합니다.

Part 03. 출판·AI·디자인 및 콘텐츠·일반

출판 저작권
FAQ
자주 묻는 질문

빠르게 알아보는 **출판 분야 저작권 FAQ 10가지**

1 책을 출판하면 자동으로 저작권이 생기나요?
> ▶ 네. 창작된 글은 출판 여부와 관계없이 창작 순간부터 저작권이 발생합니다. 등록은 필요하지 않지만, 분쟁 시 증거로 유용합니다.

2 번역한 책의 저작권은 누구에게 있나요?
> ▶ 원저작자에게 저작권이 있으며, 번역자는 번역 저작물에 대한 2차적 저작권을 가질 수 있습니다. 반드시 원저작자의 허락이 필요합니다.

3 책 내용을 블로그에 일부 인용해도 되나요?
> ▶ 공정 이용 범위 내라면 가능하지만, 출처 명시와 인용량 제한이 필요합니다. 전체 내용의 10% 이상은 위험할 수 있습니다.

4 표지 디자인도 저작권 보호를 받나요?
> ▶ 네. 표지 디자인은 시각 예술 저작물로 보호되며, 무단 사용은 침해입니다.

5 공동 저자일 경우 저작권은 어떻게 나뉘나요?
> ▶ 공동 창작자 모두에게 공동 저작권이 있으며, 사용 시 서로의 동의가 필요합니다.

6 책 제목은 저작권 대상인가요?
> ▶ 일반적으로 짧은 문구나 제목은 저작권 보호를 받지 않지만, 상표권으로 보호될 수 있습니다.

7 책 속 삽화는 별도의 저작권이 있나요?
▶ 네. 삽화는 삽화가의 저작물로 간주되며, 별도의 저작권이 존재합니다.

8 절판된 책을 복사해 배포해도 되나요?
▶ 절판 여부와 관계없이 저작권은 유효합니다. 무단 복제는 침해입니다.

9 저작권이 만료된 책은 자유롭게 사용 가능한가요?
▶ 저작권이 만료되면 퍼블릭 도메인이 되어 자유롭게 사용 가능합니다. 한국은 사후 70년 기준입니다.

10 책 내용을 요약해서 유튜브에 올려도 되나요?
▶ 요약이라도 원저작물의 핵심을 전달하면 저작권 침해가 될 수 있습니다. 허락을 받는 것이 안전합니다.

출판 저작권 FAQ

Q1 저작권은 언제 발생하며, 등록 절차가 필요한가요?

A 저작권은 저작물을 창작한 순간부터 자동으로 발생하며, 특별한 등록 절차 없이도 법적 보호를 받습니다. 이를 무방식주의라고 합니다. 따라서 ⓒ 마크를 표시하지 않아도 저작권 보호를 받을 수 있습니다. 과거 미국에서는 ⓒ 표시가 없으면 저작권 보호를 받을 수 없었지만, 1989년 베른 협약에 가입하면서 일본과 마찬가지로 ⓒ 표시 없이도 보호를 받을 수 있게 되었습니다. 현재 대부분의 주요 국가가 베른 협약에 가입하여 ⓒ 표시 없이도 저작권 보호를 인정하고 있습니다.

※ 관련 법조문: 베른협약 제5조 제2항 (보호의 원칙)
※ 출처: [83] US Congressional Research Service. (2024). "Artificial Intelligence and Copyright Law". CRS Report.

Q2 저작권 보호 기간은 어떻게 되나요?

A 저작권은 창작 시섬에 시작되며, 일본에서는 원칙적으로 저작자 사망 후 50년간 보호됩니다. 익명 또는 이명 저작물이나 단체 명의로 공표된 저작물은 공표 후 70년간 보호되며, 영화 저작물은 공표 후 70년간 보호됩니다. 외국의 저작물은 베른 협약 가입국 국민의 저작물인 경우 해당 국가의 보호 기간과 일본의 보호 기간 중 더 짧은 기간 동안 보호됩니다. 대한민국에서는 저작자 사후 70년으로 규정하고 있습니다. 2018년 TPP 발효로 일본의 저작권 보호 기간이 70년으로 연장되었으므로, 일본 저작물 이용 시 최신 보호 기간을 확인하는 것이 좋습니다.

※ 관련 법조문: 일본 저작권법 제51조 제2항
※ 출처: [41] 文化庁. (2024). 「著作権法の概要」. 文化庁.

● 저작권 보호 기간 만료 후 지켜야 할 사항

1 저작인격권의 존중

저작재산권과 달리 저작인격권은 저작자 일신에 전속하는 권리이므로, 저작자가 사망하면 소멸하는 것이 원칙입니다. 그러나 저작자의 사망 후에도 그의 저작물을 이용하는 사람은 '저작자가 생존하였더라면 그 저작인격권의 침해가 될 행위'를 해서는 안 됩니다. 이는 저작자의 명예를 훼손하는 것을 방지하기 위함입니다.

구체적으로 다음 사항을 유의해야 합니다.

- **성명 표시권:** 저작자의 이름을 표시하지 않거나 허위로 표시하여 명예를 훼손하는 행위는 피해야 합니다.

- **동일성 유지권:** 저작물의 내용, 형식, 제호의 동일성을 해치는 변경을 해서는 안 됩니다. 예를 들어, 클림트의 명화 '키스'처럼 저작재산권 보호 기간이 만료된 작품이라도 원작을 함부로 변형시켜 원작의 동일성을 심각하게 훼손하는 행위는 허용되지 않습니다.

2 파생 저작물의 저작권 확인

원저작물의 저작권이 만료되어 공개 도메인에 진입했더라도, 그 저작물을 기반으로 만들어진 파생 저작물(번역, 각색, 편곡 등)은 별도의 저작권 보호를 받을 수 있습니다. 예를 들어, '증기선 윌리' 속 미키마우스는 미국에서 공개 도메인에 진입했지만, 이후 버전의 미키마우스는 여전히 저작권 보호를 받습니다. 따라서 원본 저작물이 아닌 파생 저작물을 이용할 경우에는 해당 파생 저작물의 저작권 보호 여부를 확인해야 합니다. 1928년 버전의 미키마우스만 공개 도메인에 진입했으므로, 이후 버전들(컬러, 흰 장갑 착용 등)은 여전히 저작권 보호를 받는다는 점을 주의해야 합니다.

※ 관련 법조문: 미국 저작권법 제302조 (보호 기간)
※ 출처: [117] 대외경제정책연구원. (2024). 「글로벌 디지털 정책 동향」. 대외경제정책연구원.

❸ 기타 지적재산권의 존재 여부 확인

저작권 보호 기간이 만료되었더라도, 해당 저작물에 상표권이나 기타 지적재산권이 남아 있을 수 있습니다. 예를 들어, 미키마우스의 초기 버전 이미지는 저작권이 만료되었지만, 디즈니의 상표권은 여전히 유효할 수 있으므로 상표로서의 미키마우스 캐릭터를 함부로 상업적으로 이용하는 것은 문제가 될 수 있습니다. 따라서 저작권 외에 다른 권리가 있는지 확인하는 것이 중요합니다. 저작권 만료와 상표권은 별개이므로, 공개 도메인 진입 저작물이라도 상표적 사용 시에는 상표권 침해 위험을 고려해야 합니다.

※ 관련 법조문: 상표법 제2조 제1항 제1호 (상표의 정의)
※ 출처: [97] 한국변리사회. (2024). 「상표권 실무 매뉴얼」. 한국변리사회.

❹ 각 국가의 저작권법 적용

저작권법은 국가마다 다르므로, 동일한 저작물이라도 관할권에 따라 다르게 취급될 수 있습니다. 예를 들어, AA 밀른의 '곰돌이 푸'는 캐나다에서는 저작자 사망 후 50년 보호 기간이 적용되어 미국보다 16년 일찍 공개 도메인에 진입했습니다. 따라서 해당 저작물을 이용하려는 국가의 저작권법을 확인하고 준수해야 합니다.

❺ 전문가와 상담

저작권 보호 기간 만료 후의 저작물 이용은 복잡할 수 있으며, 특히 상업적 이용의 경우 법적 분쟁의 소지가 있을 수 있습니다. 따라서 저작권이 만료된 것으로 보이는 작품이라도 사용하기 전에 해당 분야의 변호사나 전문가에게 법적 조언을 구하는 것이 가장 안전한 방법입니다.

> **참고 사항**

- 대한민국 저작권법상 저작재산권의 보호 기간은 2013년 7월 1일부터 저작자 사망 후 50년에서 70년으로 연장되었습니다. 다만, 개정법 시행일(2013년

7월 1일) 이전에 이미 보호 기간이 만료된 저작물은 소급하여 보호되지 않습니다. 예를 들어, 1962년 12월 31일 이전에 사망한 작가의 작품은 종전과 같이 사후 50년까지 보호되어 2012년 12월 31일에 보호 기간이 만료되었지만, 1963년 1월 1일 이후에 사망한 작가의 작품은 개정 저작권법에 따라 사후 70년까지 보호됩니다.

- 저작재산권 보호 기간을 계산할 때는 저작자가 사망하거나 저작물을 창작 또는 공표한 '다음 해 1월 1일'부터 기산합니다.

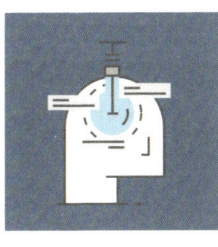
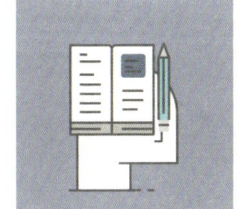

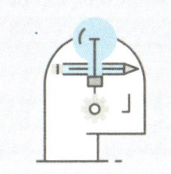

Q3 이미 저작권이 만료된 작품은 자유롭게 이용할 수 있나요?

A 저작권 보호 기간이 만료된 저작물은 자유롭게 이용할 수 있습니다. 예를 들어, 에도 시대의 판화는 저작권 보호 기간이 이미 종료되었으므로, 이를 이용하는 것은 저작권법상 문제가 없습니다. 하지만 원본과 동일한 도안을 사용해야 하며, 후대에 변경이 가해져 창작성이 인정되는 경우 변경된 부분에 대해서는 새로운 저작권이 발생할 수 있으므로 주의해야 합니다.

Q4 '판권'이라는 용어는 무엇이며 법적으로 유효한가요?

A 저작권법상 '판권'이라는 용어는 존재하지 않습니다. 일반적으로 계약에서 '판권은 누구에게 귀속한다'는 표현을 사용하지만, 이는 출판권을 의미하는 것으로, 저작물을 문서나 그림으로 발행할 권리를 말합니다. 출판과 관련 없는 계약에서 '판권'이라는 표현을 사용하는 것은 문제가 될 수 있으며, 분쟁의 소지가 있습니다. 법적으로는 '출판권'이라는 용어가 명확히 존재하므로, 전문 용어가 아닌 '판권' 사용은 자제하는 것이 좋습니다.

Q5 출판사가 인지(印紙)를 붙이지 않고 책을 발행할 경우 어떤 문제가 발생하나요?

A 인지는 저작자가 발행하여 출판사에 넘겨주는 것으로, 책의 판매 부수를 정확히 파악하여 인세 계산의 투명성을 확보하기 위한 제도입니다. 출판사는 인지를 붙이지 않기로 특별히 약정하지 않은 이상, 인지를 첨부하는 것이 법적 의무입니다. 이를 위반할 경우 500만 원 이하의 벌금형을 받을 수 있으며, 저작권자는 형사 고소하거나 계약 위반을 이유로 계약 해지 통고 및 손해배상을 청구할 수 있습니다.

Q6 구매한 전자책 파일을 타인과 공유해도 괜찮을까요?

A 안됩니다. 이는 저작권 침해에 해당합니다. 전자책을 구매했다는 것은 그 책을 '읽을 수 있는 권리'를 얻은 것이지, 책의 내용을 복제하고 다른 사람에게 배포할 '권리'까지 얻은 것은 아닙니다. 개인적인 이용을 위한 사적 복제는 제한적으로 허용될 수 있으나, 이를 친구나 불특정 다수에게 전송하거나 공유하는 순간 '복제권' 및 '배포권' 침해가 되어 법적 책임을 질 수 있습니다. 중고 서점에서 종이책을 재판매하는 것은 허용되지만, 전자책이나 오디오북과 같은 디지털 파일은 '소진 이론'이 적용되지 않아 재판매가 금지됩니다. 강의 자료 등으로 활용하고 싶다면 반드시 출판사나 저작권자로부터 이용 허락을 받아야 합니다.

Q7 책 내용의 일부를 제 블로그나 과제물에 인용하고 싶습니다. 어느 정도까지 허용되나요?

A '공정한 이용(Fair Use)' 범위 내에서 가능합니다. 저작권법은 보도, 비평, 교육, 연구 등을 위해 저작물의 일부를 인용하는 것을 허용합니다. 중요한 것은 나의 창작물이 '주(主)'가 되고, 인용하는 부분이 이를 뒷받침하는 '종(從)'의 관계여야 한다는 점입니다.

- **최소한의 인용:** 반드시 필요한 부분만 인용해야 합니다.
- **출처 명시:** 저자 및 작품명 등 출처를 명확하게 밝혀야 합니다.
- **시장 가치 훼손 금지:** 인용 행위가 원저작물의 시장 가치를 훼손하거나, 상업적 목적으로 사용되는 경우에는 공정한 이용으로 인정받기 어렵습니다.
- '책에서 10% 이하만 옮기면 괜찮다'는 식의 '10% 룰'은 법적 기준이 아니며, 인용된 내용의 '질적 가치'와 '핵심성'이 더 중요하게 고려됩니다. 책의 한 챕터를 통째로 스캔하여 블로그에 올리는 것은 허용되지 않습니다. 책 내용을 그대로 요약하거나 편집하여 블로그에 게시하는 것은 2차적 저작물 작성권 또는 동일성 유지권 침해가 될 수 있습니다. 자신의 해석, 비판, 감상, 인사이트를 포함하고 원문의 핵심 표현을 그대로 옮기지 않고 재구성하는 것이 안전합니다.

Q8 공공도서관에서 책을 스캔하여 개인적으로 보관하는 것은 저작권법상 허용되나요? 만약 이 스캔 자료를 온라인에 업로드하거나 제3자와 공유한다면 어떻게 되나요?

A 개인적인 학습, 연구, 감상 목적의 '사적 이용을 위한 복제'는 제한적으로 허용됩니다. 그러나 이 스캔 자료를 제3자와 공유하거나 온라인에 업로드하는 순간, 복제권 및 공중송신권 침해에 해당하여 저작권법 위반으로 형사처벌 및 손해배상의 대상이 될 수 있습니다. 스캔 자료를 문자 추출(OCR)하여 블로그나 SNS에 게시하는 것도 침해로 간주됩니다.

Q9 책이나 콘텐츠를 번역·출판하려면 반드시 허락을 받아야 하나요?

A 네, 원저작자 및 출판사의 허락 없이 번역·출간 또는 2차적 저작물(낭독, 영상화, 공연, 전시 등)로 사용하면 저작권 침해에 해당하며, 사용료가 부과될 수 있습니다. 2차적 저작물은 원저작물을 번역, 편곡, 변형, 각색하여 만든 새로운 창작물입니다.

Q10 제가 쓴 칼럼이 타인 블로그에 인용되었는데 저작권 침해인가요?

A 인용이 목적에 부합하고, 정당한 범위 내에서 출처를 명확히 밝혔을 경우, 저작권 침해가 아닐 수 있습니다. 그러나 칼럼 전문 또는 핵심 내용을 비평 없이 그대로 게시하거나, 마치 자신이 쓴 것처럼 사용할 경우 침해가 됩니다.

- **피하는 방법:** 인용하고자 하는 사람이 반드시 출처(작성자명, 매체, 작성일자)를 명시해야 하며, 전체의 30% 이내 수준으로 제한해야 합니다. 인용자 본인의 비평적 논지 또는 설명이 포함되어야 합니다. 단순 복사 + 붙여넣기는 허용되지 않습니다. 칼럼 작성자는 COPY112(한국저작권보호원)나 포털 게시중단 요청 서비스 등을 통해 대응 가능합니다.

Q11 논문이나 리포트를 AI로 요약한 내용을 공유해도 되나요?

A AI가 요약했다고 해도, 원문이 저작권 보호를 받는 창작물이라면 요약본도 저작권 침해 대상이 될 수 있습니다. 특히 논문의 구조, 문장 표현, 핵심 아이디어가 그대로 유지되면 2차적 저작물 작성권 침해가 됩니다.

- **피하는 방법:** AI로 요약한 내용을 그대로 공유하지 말고, 자신의 비판적 해설과 설명을 덧붙여 재구성해야 합니다. 논문 요약 시에는 원문 출처를 명시하고, 공개된 학술정보만 활용하는 것이 바람직합니다. 국가에서 운영하는 학술 정보 서비스(예: KCI, RISS 등)의 오픈액세스 논문을 우선 활용하는 것이 좋습니다.

Q12 중고 서점에서 산 책을 다시 팔면 저작권 문제가 없나요?

A 원칙적으로는 문제가 없습니다. 최초 판매된 '종이' 매체의 소유권은 양도 가능(소진이론)하기 때문입니다. 그러나 전자책이나 오디오북과 같은 디지털 파일은 '소진 이론'이 적용되지 않아 재판매가 금지됩니다.

Q13 출판사가 도서의 표지 디자인에 대한 저작권을 주장할 수 있나요?

A 출판사가 도서의 표지 디자인에 대한 저작권을 주장할 수 있는지는 해당 디자인의 창작성과 저작권 귀속 관계에 따라 결정됩니다[9]. 표지 디자인이 창작성을 갖춘 저작물이라면 저작권 보호 대상이 됩니다.

표지 디자인의 저작권은 원칙적으로 이를 창작한 디자이너에게 귀속됩니다. 출판사가 외부 디자이너에게 의뢰한 경우라면 디자이너가 저작권자가 되고, 출판사는 계약을 통해 이용권을 얻게 됩니다. 다만, 출판사 직원이 업무상 창작한 경우라면 저작권법 제9조에 따라 출판사가 저작권자가 될 수 있습니다.

표지 디자인의 창작성 판단은 개별 사안마다 다릅니다. 단순한 제목 배치나 기본적인 색상 조합만으로는 창작성을 인정받기 어렵지만, 독창적인 일러스트레이션, 특별한 타이포그래피, 창의적인 레이아웃 등이 포함되어 있다면 저작물로 인정될 가능성이 높습니다.

표지 디자인에 사진이나 일러스트가 포함된 경우, 해당 소재들의 저작권도 별도로 처리해야 합니다. 스톡 이미지를 사용했다면 라이선스 조건을 확인하고, 원작자가 있는 작품을 사용했다면 별도 허락을 받아야 합니다.
표지 디자인 의뢰 시 저작권 귀속과 이용 범위를 계약서에 명확히 정해야 합니다.

※ 관련 법조문: 저작권법 제2조 제1호, 제9조
※ 출처: [9] 한국디자인진흥원, 디자인 저작권 가이드 (2024)

Q14 출판사가 저작자의 원고를 편집할 때 저작인격권을 침해할 수 있나요?

A 출판사가 저작자의 원고를 편집할 때는 저작인격권, 특히 동일성유지권을 침해할 가능성이 있으므로 신중한 접근이 필요합니다[10]. 저작권법 제13조에 따라 저작자는 자신의 저작물의 내용, 형식 및 제호의 동일성을 유지할 권리를 갖습니다.

편집 과정에서 발생할 수 있는 저작인격권 침해 유형은 다음과 같습니다. 첫째, 저작자의 동의 없이 내용을 삭제하거나 변경하는 경우입니다. 둘째, 저작자의 의도와 다르게 문체나 표현을 수정하는 경우입니다. 셋째, 저작자의 성명을 잘못 표기하거나 누락하는 경우입니다.

다만, 저작권법 제13조 제2항에 따라 오탈자의 수정, 맞춤법 교정, 편집상 필요한 기술적 변경 등은 동일성유지권 침해에 해당하지 않습니다. 또한 저작자가 사전에 동의한 편집 방침에 따른 수정도 문제가 되지 않습니다.

실무적으로는 출판계약 시 편집의 범위와 방법을 명확히 정하고, 중요한 내용 변경 시에는 저작자의 사전 동의를 받는 것이 바람직합니다. 특히 학술서적이나 전문서적의 경우 내용의 정확성이 중요하므로 더욱 신중해야 합니다.

※ 관련 법조문: 저작권법 제11조, 제13조
※ 출처: [10] 한국편집협회, 편집 실무와 저작권 (2024)

Q15 출판사가 파산하면 출판권은 어떻게 되나요?

A 출판사가 파산하면 출판권의 처리는 파산법과 저작권법의 규정에 따라 결정되며, 출판권의 성격과 계약 조건에 따라 다르게 처리됩니다 [11].

출판권 설정계약의 경우, 저작권법 제64조에 따라 출판권자가 계속하여 2년 이상 복제·배포를 하지 아니하는 때에는 저작권자가 계약을 해지할 수 있습니다. 파산으로 인해 출판 업무가 중단된다면 이 조건에 해당할 수 있습니다.

파산재단에 포함된 출판권은 파산관재인이 관리하게 됩니다. 파산관재인은 출판권을 매각하거나 계약을 해지할 수 있으며, 이때 저작권자의 이익도 고려해야 합니다. 다만, 출판권이 저작권자의 인격과 밀접한 관련이 있는 경우에는 강제 양도가 제한될 수 있습니다.

저작물 이용허락계약의 경우에는 계약의 성격에 따라 처리가 달라집니다. 단순한 이용허락계약이라면 파산과 함께 종료될 수 있지만, 독점적 이용허락계약이라면 재산적 가치가 인정되어 파산재단에 포함될 수 있습니다.
출판계약 시 출판사의 파산 등 특수 상황에 대한 대비책을 마련해야 합니다.

※ 관련 법조문: 저작권법 제64조, 파산법 제335조
※ 출처: [11] 법무부, 파산법 실무 해설 (2024)

Q16 출판사가 저작자에게 지급하는 인세의 법적 성격은 무엇인가요?

A 출판사가 저작자에게 지급하는 인세는 저작물 이용에 대한 대가로서의 성격을 가지며, 그 법적 성격은 계약의 내용에 따라 결정됩니다 [12]. 인세는 크게 정액 인세와 비례 인세로 구분할 수 있습니다.

정액 인세는 출판 부수나 매출과 관계없이 일정한 금액을 지급하는 방식으로, 저작재산권 양도의 대가 또는 이용허락의 대가로 볼 수 있습니다. 이 경우 세법상 양도소득세 또는 기타소득세가 부과될 수 있습니다.

비례 인세는 실제 판매 부수나 매출액에 비례하여 지급하는 방식으로, 계속적인 이용허락의 대가로 보는 것이 일반적입니다. 이는 저작권법 제45조에서 규정하는 이용료 지급 의무와 관련이 있습니다.

인세 지급 방식은 출판계약의 핵심 사항 중 하나로, 계약서에 명확히 정해야 합니다. 인세율, 지급 시기, 계산 방법, 정산 주기 등을 구체적으로 명시해야 하며, 특히 전자책이나 해외 판매 시의 인세율도 별도로 정해야 합니다.
인세 계약 시 최소 보장 인세나 선급금 조항을 포함하여 저작자의 권익을 보호해야 합니다.

※ 관련 법조문: 저작권법 제45조, 소득세법 제21조
※ 출처: [12] 국세청, 저작권 소득 과세 가이드 (2024)

Q17 출판사가 저작물의 일부만 발췌하여 출간할 수 있나요?

A 출판사가 저작물의 일부만 발췌하여 출간하는 것은 원칙적으로 저작권자의 허락을 받아야 하는 행위입니다[13]. 부분 이용이라 하더라도 저작권법상 복제권과 배포권의 행사에 해당하기 때문입니다.

발췌 출간의 허용 여부는 여러 요소를 종합적으로 고려해야 합니다. 첫째, 발췌된 부분이 원저작물에서 차지하는 비중과 중요성입니다. 양적으로는 적더라도 핵심적인 부분이라면 저작권 침해가 될 수 있습니다. 둘째, 발췌의 목적과 성격입니다. 상업적 목적의 발췌는 저작권 침해 가능성이 높습니다.

다만, 저작권법 제28조의 공정이용에 해당한다면 허락 없이도 이용할 수 있습니다. 비평, 교육, 연구 목적의 인용이나 발췌는 공정이용으로 인정될 가능성이 있습니다. 이 경우에도 출처를 명시하고 인용의 필요성과 적정성을 갖춰야 합니다.

실무적으로는 발췌 출간 시 저작권자와 별도 계약을 체결하는 것이 안전합니다. 발췌 범위, 이용 목적, 대가 지급 등을 명확히 정하고, 원저작물의 홍보 효과 등도 고려하여 계약 조건을 협상할 수 있습니다.

※ 관련 법조문: 저작권법 제16조, 제25조, 제28조
※ 출처: [13] 한국출판학회, 출판 저작권 연구 (2024)

Q18 출판사가 저작물을 해외에 수출하려면 어떤 절차가 필요한가요?

A 출판사가 저작물을 해외에 수출하려면 해외 배포권에 대한 권리 확인과 수출 대상국의 저작권법 검토가 필요합니다[15]. 국경을 넘나드는 저작물 유통에는 국제 저작권 협약이 적용됩니다.

먼저 기존 출판계약에서 해외 배포권이 포함되어 있는지 확인해야 합니다. "국내 한정" 또는 "한국어권 한정" 등의 제한이 있다면 해외 수출이 불가능할 수 있습니다. 해외 배포권이 포함되어 있지 않는다면 저작권자로부터 추가 허락을 받아야 합니다.

수출 대상국의 저작권법도 검토해야 합니다. 베르누협약, TRIPS 협정 등 국제 협약에 가입한 국가라면 우리나라 저작물이 보호받지만, 각국의 세부 규정은 다를 수 있습니다. 특히 번역권, 배포권, 수입권 등의 제한 사항을 확인해야 합니다.

물리적 수출의 경우 관세법상 절차도 준수해야 합니다. 도서는 일반적으로 관세가 면제되지만, 수출신고 등의 절차는 필요합니다. 전자책의 경우에는 온라인 배포 플랫폼의 이용약관과 각국의 디지털 콘텐츠 규제를 확인해야 합니다.
해외 수출 시에는 현지 출판사나 배급업체와의 파트너십을 고려해야 합니다.

※ 관련 법조문: 저작권법 제3조, 베르누협약 제5조
※ 출처: [15] 한국출판문화산업진흥원, 해외 진출 가이드 (2024)

Q19 출판사가 저작물을 광고나 홍보에 사용할 수 있나요?

A 출판사가 저작물을 광고나 홍보에 사용하는 것은 일반적으로 출판계약에 포함된 권리로 인정되지만, 사용 범위와 방법에 따라 제한이 있을 수 있습니다[16].

출판 홍보를 위한 저작물 이용은 크게 두 가지로 구분됩니다. 첫째, 저작물의 일부를 발췌하여 내용을 소개하는 경우입니다. 이는 일반적으로 출판계약에 포함된 권리로 보며, 서점이나 온라인 플랫폼에서의 미리보기 서비스도 이에 해당합니다. 둘째, 저작물 전체나 상당 부분을 무료로 제공하는 경우입니다. 이는 별도의 허락이 필요할 수 있습니다.

홍보 목적의 이용이라 하더라도 저작인격권을 침해해서는 안 됩니다. 저작물의 내용을 왜곡하거나 저작자의 명예를 훼손하는 방식으로 홍보하면 동일성유지권이나 명예권을 침해할 수 있습니다.

실무적으로는 출판계약에서 홍보 이용의 범위를 명확히 정하는 것이 바람직합니다. 발췌 가능한 분량, 이용 매체, 이용 기간 등을 구체적으로 명시하고, 특별한 홍보 이벤트의 경우에는 사전 협의 조항을 두는 것이 좋습니다.
홍보용 발췌 시에는 저작물의 핵심 내용을 피하고 흥미를 유발하는 부분을 선택하는 것이 좋습니다.

※ 관련 법조문: 저작권법 제11조, 제13조, 제28조
※ 출처: [16] 한국출판마케팅연구소, 출판 홍보와 저작권 (2024)

Q20 번역자는 번역한 저작물에 대해 어떤 권리를 갖나요?

A 번역자는 번역한 저작물에 대해 2차적저작물의 저작권을 갖습니다 [21]. 저작권법 제5조에 따라 원저작물을 번역한 것은 2차적저작물로서 독립적인 저작권의 객체가 됩니다.

번역자의 권리는 다음과 같습니다. 첫째, 번역물에 대한 저작재산권입니다. 번역물의 복제, 배포, 공중송신 등에 대한 권리를 갖습니다. 둘째, 번역물에 대한 저작인격권입니다. 번역자의 성명표시권, 동일성유지권 등이 인정됩니다.

다만, 번역자의 권리는 원저작물의 저작권을 침해하지 않는 범위에서만 행사할 수 있습니다. 원저작물의 저작권이 존속하는 동안에는 원저작권자의 허락 없이 번역물을 이용할 수 없습니다. 또한 번역자가 번역물을 이용하려면 원저작권자와 번역자 모두의 허락이 필요합니다.

번역의 창작성 판단은 단순한 언어 변환을 넘어서 번역자의 창의적 기여가 있는지에 따라 결정됩니다. 기계적인 직역보다는 문화적 맥락을 고려한 의역, 문체의 선택, 표현의 창의성 등이 인정되면 저작권 보호를 받을 수 있습니다.
번역 계약 시 번역자의 권리와 출판사의 권리를 명확히 구분하여 정해야 합니다.

※ 관련 법조문: 저작권법 제5조, 제6조
※ 출처: [21] 한국번역가협회, 번역 저작권 가이드 (2024)

Q21 편집자가 원고를 편집할 때 저작권이 발생하나요?

A 편집자가 원고를 편집할 때 저작권이 발생하는지는 편집 작업의 창작성 정도에 따라 결정됩니다[24]. 단순한 교정이나 체제 정리는 저작권이 인정되지 않지만, 창작적인 편집 작업은 편집저작물로서 보호받을 수 있습니다.

편집저작물로 인정받기 위한 요건은 다음과 같습니다. 첫째, 소재의 선택과 배열에 창작성이 있어야 합니다. 둘째, 편집자의 개성과 창의성이 드러나야 합니다. 셋째, 단순한 기계적 작업을 넘어선 지적 노동이 투입되어야 합니다.

편집저작물로 인정되는 경우의 예시는 다음과 같습니다. 여러 저작물을 선별하여 특정 주제로 구성한 앤솔로지, 창의적인 분류 체계에 따라 정리한 자료집, 독창적인 편집 방침에 따라 구성한 잡지 등이 이에 해당합니다.

반면, 편집저작물로 인정되기 어려운 경우는 단순한 오탈자 수정, 맞춤법 교정, 기계적인 체제 통일, 일반적인 편집 관례에 따른 작업 등입니다.

편집저작물의 저작권은 개별 저작물의 저작권과는 별개로 존재하며, 편집저작물을 이용하려면 편집자와 개별 저작물의 저작권자 모두의 허락이 필요합니다.

편집 작업의 창작성을 인정받으려면 편집 방침과 기준을 명확히 문서화해야 합니다.

※ 관련 법조문: 저작권법 제2조 제18호, 제7조
※ 출처: [24] 한국편집협회, 편집저작물 가이드 (2024)

Q22 전자책과 종이책의 저작권에 차이가 있나요?

A 전자책과 종이책의 저작권 자체에는 본질적인 차이가 없지만, 이용 방식과 기술적 특성으로 인해 권리 행사 방법에는 차이가 있습니다 [41].

저작권법상 전자책도 종이책과 동일하게 저작물로 보호받습니다. 저작재산권과 저작인격권의 내용도 동일합니다. 다만, 전자책의 경우 복제권과 함께 전송권이 중요한 권리로 작용합니다. 전자책의 배포는 온라인을 통한 전송 방식으로 이루어지므로 저작권법 제18조의 공중송신권이 적용됩니다.

전자책의 특수성으로 인한 고려사항은 다음과 같습니다. 첫째, DRM(Digital Rights Management) 기술의 적용입니다. 무단 복제 방지를 위한 기술적 보호조치가 일반적으로 적용됩니다. 둘째, 이용 기간이나 횟수의 제한입니다. 종이책과 달리 이용 조건을 기술적으로 제어할 수 있습니다.

전자책 계약 시에는 종이책과 별도로 전송권, DRM 적용, 플랫폼별 유통, 가격 정책 등을 명확히 정해야 합니다. 또한 전자책의 기술적 특성을 고려한 저작권 보호 방안도 마련해야 합니다.

전자책 계약 시에는 기술적 보호조치와 이용 조건을 구체적으로 명시해야 합니다.

※ 관련 법조문: 저작권법 제18조, 제104조의2
※ 출처: [41] 한국전자출판협회, 전자책 저작권 가이드 (2024)

Q23 전자책을 인쇄해서 사용해도 되나요?

A 전자책을 인쇄해서 사용하는 것은 저작권법상 복제에 해당하므로 저작권자의 허락이 필요하며, 전자책 이용약관에서도 일반적으로 제한하고 있습니다[44].

전자책 인쇄의 법적 문제점은 다음과 같습니다. 첫째, 복제권 침해입니다. 전자책을 인쇄하는 것은 저작권법 제16조의 복제권 행사에 해당합니다. 둘째, 계약 위반입니다. 대부분의 전자책 플랫폼은 이용약관에서 인쇄를 금지하거나 제한하고 있습니다.

다만, 일정한 범위에서는 예외가 인정될 수 있습니다. 저작권법 제30조에 따른 사적이용을 위한 복제라면 허용될 수 있지만, 이 경우에도 전자책 이용약관의 제한을 받을 수 있습니다. 또한 저작권법 제28조의 공정이용에 해당한다면 일부 인쇄가 허용될 수 있습니다.

실무적으로는 전자책 구매 시 이용약관을 확인하여 인쇄 가능 여부와 범위를 파악하는 것이 중요합니다. 일부 플랫폼은 제한적인 인쇄를 허용하기도 합니다.
전자책 인쇄가 필요한 경우에는 플랫폼의 정책을 확인하고 허용 범위 내에서만 이용해야 합니다.

※ 관련 법조문: 저작권법 제16조, 제28조, 제30조
※ 출처: [44] 전자책 이용과 저작권 (2024)

Q24 웹소설 플랫폼에 연재하는 것과 출판하는 것의 차이는 무엇인가요?

A 웹소설 플랫폼 연재와 출판은 저작권 행사 방식과 계약 조건에서 중요한 차이가 있습니다[45]. 웹소설은 온라인 전송을 통한 서비스이고, 출판은 복제물의 배포를 통한 서비스입니다.

웹소설 플랫폼 연재의 특징은 다음과 같습니다. 첫째, 전송권의 행사입니다. 온라인을 통한 연재는 저작권법 제18조의 공중송신권에 해당합니다. 둘째, 연재 방식의 특성입니다. 완성된 작품을 한 번에 공개하는 것이 아니라 순차적으로 연재하는 방식입니다. 셋째, 독자와의 실시간 소통입니다. 댓글이나 평점을 통한 즉시적 피드백이 가능합니다.

출판의 특징은 완성된 작품의 복제와 배포, 편집과 교정을 통한 완성도 제고, 오프라인 유통을 통한 접근성 확대 등입니다.

권리 처리 방식도 다릅니다. 웹소설 플랫폼은 일반적으로 연재권과 전송권을 중심으로 계약하고, 출판사는 복제권과 배포권을 중심으로 계약합니다. 따라서 웹소설을 출판하려면 별도의 출판계약이 필요합니다.
웹소설 연재 시 향후 출판 계획을 고려하여 계약 조건을 정하는 것이 좋습니다.

※ 관련 법조문: 저작권법 제16조, 제18조, 제20조
※ 출처: [45] 웹소설 산업과 저작권 (2024)

Q25 전자책을 대여 서비스로 제공할 수 있나요?

A 전자책을 대여 서비스로 제공하는 것은 저작권법상 배포권과 전송권의 행사에 해당하므로 저작권자의 허락이 필요합니다[46]. 물리적 도서의 대여와는 다른 법적 고려사항이 있습니다.

전자책 대여의 법적 특성은 다음과 같습니다. 첫째, 전송권의 행사입니다. 전자책 대여는 온라인을 통한 전송 방식으로 이루어지므로 저작권법 제18조의 공중송신권이 적용됩니다. 둘째, 복제의 발생입니다. 전자책 대여 과정에서 이용자의 기기에 일시적 복제가 발생할 수 있습니다.

전자책 대여와 물리적 도서 대여의 차이점은 다음과 같습니다. 물리적 도서는 저작권법 제20조 단서에 따라 최초 판매 후 배포권이 소진되어 대여가 가능하지만, 전자책은 전송권이 소진되지 않으므로 별도 허락이 필요합니다.

실무적으로는 전자책 대여 서비스를 위해서는 저작권자와 별도의 대여 라이선스 계약을 체결해야 하며, 대여 기간, 동시 대여 가능 수량, 기술적 보호조치 등을 명확히 정해야 합니다.

※ 관련 법조문: 저작권법 제18조, 제20조
※ 출처: [46] 전자책 대여 서비스 법제 연구 (2024)

Q26 오디오북의 저작권은 어떻게 처리되나요?

A 오디오북은 원저작물, 낭독자의 실연, 제작자의 음반제작권이 복합적으로 관련된 저작물로서 각각의 권리를 모두 처리해야 합니다[47].

오디오북 관련 권리의 구조는 다음과 같습니다. 첫째, 원저작물의 저작권입니다. 텍스트 저작물에 대한 저작권자의 허락이 필요합니다. 둘째, 낭독자의 실연자권입니다. 저작권법 제66조에 따라 실연자는 자신의 실연에 대한 권리를 갖습니다. 셋째, 음반제작자의 권리입니다. 저작권법 제85조에 따라 음반제작자는 음반에 대한 권리를 갖습니다.

오디오북 제작 시 권리 처리 절차는 다음과 같습니다. 원저작권자로부터 오디오북 제작 및 배포에 대한 허락을 받고, 낭독자와 실연 계약을 체결하며, 음반제작자로서의 권리를 확보해야 합니다.

오디오북의 특수성으로는 낭독자의 해석과 표현이 추가되어 원저작물과는 다른 예술적 가치를 갖는다는 점, 음성 인식 기술의 발달로 AI 음성 합성 오디오북도 등장하고 있다는 점 등이 있습니다.
오디오북 제작 시에는 원저작권, 실연자권, 음반제작권을 모두 고려한 종합적 계약이 필요합니다.

※ 관련 법조문: 저작권법 제66조, 제85조
※ 출처: [47] 오디오북 산업과 저작권 (2024)

Q27 전자책을 해외에 수출할 때 주의사항은 무엇인가요?

A 전자책을 해외에 수출할 때는 국제 저작권 협약, 수출 대상국의 법령, 기술적 호환성 등을 종합적으로 고려해야 합니다[48].

국제 저작권 관련 고려사항은 다음과 같습니다. 첫째, 베르누협약과 TRIPS 협정에 따른 보호입니다. 대부분의 국가에서 우리나라 저작물이 보호받지만, 각국의 세부 규정은 다를 수 있습니다. 둘째, 수출 대상국의 디지털 콘텐츠 규제입니다. 일부 국가는 전자책 수입에 대한 별도 규제를 두고 있습니다.

기술적 고려사항은 다음과 같습니다. 수출 대상국에서 지원하는 파일 형식과 DRM 정책을 확인해야 하고, 현지 플랫폼과의 호환성도 검토해야 합니다. 또한 언어와 문자 인코딩 문제도 고려해야 합니다.

계약적 고려사항으로는 기존 출판계약에서 해외 전송권이 포함되어 있는지 확인하고, 포함되어 있지 않다면 별도 허락을 받아야 합니다. 또한 현지 파트너와의 계약에서 저작권 보호 방안도 명시해야 합니다.

※ 관련 법조문: 저작권법 제3조, 베르누협약
※ 출처: [48] 전자책 해외 진출 가이드 (2024)

Q28 구독형 전자책 서비스의 저작권 처리는 어떻게 하나요?

A 구독형 전자책 서비스는 개별 판매와는 다른 라이선스 모델을 사용하므로 저작권 처리 방식도 달라집니다[49]. 정액제 구독 모델에 맞는 권리 처리가 필요합니다.

구독형 서비스의 특징은 다음과 같습니다. 첫째, 이용권 기반 서비스입니다. 소유권이 아닌 일정 기간 동안의 이용권을 제공합니다. 둘째, 무제한 접근 모델입니다. 구독 기간 중에는 서비스 내 모든 콘텐츠에 접근할 수 있습니다. 셋째, 수익 배분 모델입니다. 개별 판매가 아닌 이용 시간이나 페이지 수에 따른 수익 배분이 일반적입니다.

구독형 서비스를 위한 저작권 처리는 저작권자와 구독 서비스용 라이선스 계약을 체결하고, 이용 기간, 접근 방식, 수익 배분 방법을 명확히 정하며, 서비스 종료 시 이용권 소멸에 대한 조항을 포함해야 합니다.

구독형 서비스의 법적 쟁점으로는 이용자의 권리 범위, 서비스 중단 시 이용자 보호, 저작권자의 수익 보장 등이 있습니다.
구독형 서비스 계약 시에는 수익 배분 방식과 이용자 보호 방안을 명확히 하세요.

※ 관련 법조문: 저작권법 제18조, 제46조
※ 출처: [49] 구독형 콘텐츠 서비스 연구 (2024)

Q29 전자책을 AI가 읽어주는 서비스를 제공할 수 있나요?

A 전자책을 AI가 읽어주는 서비스를 제공하는 것은 새로운 형태의 저작물 이용에 해당하므로 저작권자의 별도 허락이 필요할 수 있습니다[53].

AI 음성 서비스의 법적 성격은 다음과 같습니다. 첫째, 새로운 형태의 공중송신입니다. 텍스트를 음성으로 변환하여 제공하는 것은 기존 전자책 이용과는 다른 방식의 이용입니다. 둘째, 2차적 저작물 작성 가능성입니다. AI 음성 합성이 창작적 기여를 한다면 2차적 저작물로 볼 수 있습니다.

AI 음성 서비스 제공 시 고려사항은 다음과 같습니다. 기존 전자책 계약에 음성 변환 서비스가 포함되어 있는지 확인하고, 포함되어 있지 않다면 저작권자의 별도 허락을 받아야 합니다. 또한 AI 음성의 품질과 정확성도 고려해야 합니다.

실무적으로는 AI 음성 서비스를 위한 별도 라이선스 계약을 체결하고, 음성 변환의 정확성과 품질을 보장하며, 이용자에게 AI 음성 서비스임을 명확히 고지하는 것이 바람직합니다.

※ 관련 법조문: 저작권법 제5조, 제18조
※ 출처: [53] AI 음성 서비스와 저작권 (2024)

Q30 전자책을 클라우드에 백업해도 되나요?

A 전자책을 클라우드에 백업하는 것은 복제에 해당하므로 저작권법과 이용약관의 제한을 받으며, 개인적 이용 목적이라 하더라도 신중한 접근이 필요합니다[58].

클라우드 백업의 법적 고려사항은 다음과 같습니다. 첫째, 복제권의 행사입니다. 클라우드에 업로드하는 것은 새로운 복제물을 생성하는 행위입니다. 둘째, 전송권의 행사입니다. 클라우드 서비스를 통한 접근은 전송에 해당할 수 있습니다. 셋째, 이용약관의 제한입니다. 대부분의 전자책 플랫폼은 이용약관에서 백업을 제한하고 있습니다.

개인적 이용을 위한 백업의 허용 범위는 저작권법 제30조에 따라 일정 범위에서 허용될 수 있지만, 기술적 보호조치가 적용된 전자책의 경우에는 제한이 있습니다. 또한 클라우드 서비스의 보안과 접근 제어도 고려해야 합니다.

실무적으로는 전자책 구매 시 백업 정책을 확인하고, 플랫폼에서 제공하는 공식 백업 서비스를 이용하며, 개인적 백업이 필요한 경우에는 보안이 확보된 방법을 사용하는 것이 바람직합니다.
백업이 필요한 경우에는 플랫폼의 공식 서비스나 정책을 확인해야 합니다.

※ 관련 법조문: 저작권법 제16조, 제18조, 제30조
※ 출처: [58] 클라우드 서비스와 저작권 (2024)

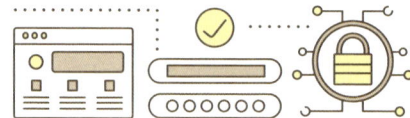

AI 저작권 FAQ
자주 묻는 질문

AI 저작권 FAQ

빠르게 알아보는 AI 분야 저작권 FAQ 10가지

1 AI가 만든 이미지에 저작권이 있나요?
▶ 인간의 창작성이 개입되지 않았다면 저작권이 없습니다. 사람이 프롬프트를 설계하고 편집했다면 일부 인정될 수 있습니다.

2 AI 학습에 사용된 데이터는 저작권 침해인가요?
▶ 저작권 있는 콘텐츠를 무단으로 학습에 사용하면 침해 소지가 있습니다. 현재 법적 논의 중입니다.

3 ChatGPT가 생성한 글을 책에 써도 되나요?
▶ 생성된 글 자체는 저작권이 없지만, 사용자의 편집과 기획이 들어가면 저작권을 주장할 수 있습니다. 단, 책임은 사용자에게 있습니다.

4 AI가 만든 음악을 상업적으로 사용해도 되나요?
▶ 생성 도구의 이용약관을 확인해야 합니다. 일부는 상업적 사용을 제한합니다.

5 AI가 만든 콘텐츠를 내 이름으로 발표해도 되나요?
▶ 가능하지만, 창작 과정의 투명성을 요구받을 수 있습니다.

6 AI가 만든 콘텐츠를 저작권 등록할 수 있나요?
▶ 현재 대부분의 국가에서는 인간 창작성이 없는 AI 콘텐츠는 등록이 불가능합니다.

7 AI가 만든 콘텐츠를 NFT로 판매해도 되나요?

▶ 가능하지만, 저작권 침해 요소가 없는지 확인해야 합니다.

8 AI가 만든 콘텐츠를 수정하면 저작권이 생기나요?

▶ 수정이 창작 수준이라면 저작권이 인정될 수 있습니다. 단순 편집은 어렵습니다.

9 AI가 만든 콘텐츠를 교육 자료로 써도 되나요?

▶ 교육 목적이라도 저작권 침해가 될 수 있으므로 출처와 이용약관을 확인해야 합니다.

10 AI가 만든 콘텐츠를 SNS에 올리면 저작권은 누구에게 있나요?

▶ 플랫폼 약관에 따라 다르며, 일부는 사용자가 저작권을 유지합니다.

AI 저작권 FAQ

Q1 AI가 만든 콘텐츠에도 저작권이 인정되나요?

A 현재 대부분의 국가에서는 AI가 독자적으로 생성한 콘텐츠에 대해 저작권을 인정하지 않습니다. 한국저작권위원회에 따르면, AI 생성물은 저작물로 인정되지 않아 저작권 등록 대상이 아닙니다. 저작권법상 저작물은 "인간의 사상 또는 감정을 표현한 창작물"이어야 하므로, 저작권은 인간이 직접 창작한 경우에만 부여됩니다. 미국 저작권청도 AI가 단독으로 생성한 작품의 저작권 등록을 거부하며, 인간의 창의적 기여가 포함된 작품만 일정 조건 하에 등록을 허용하고 있습니다. 그러나 영국은 컴퓨터 생성 저작물에 대해 저작자 없는 경우에도 저작권 보호를 인정하며, 해당 저작물을 만든 사람에게 저작권을 부여합니다.

Q2 인간이 AI를 사용하여 작품을 만들 경우 저작권은 누구에게 귀속되나요?

A 인간이 생성 AI를 도구로 사용하여 인간의 사상이나 감정이 창작적으로 표현되었다고 볼 수 있는 경우, 해당 작품은 인간의 저작물로 간주되며 저작권은 그 인간에게 귀속됩니다. 이 경우 인간이 AI에 어떤 지시(프롬프트)를 제공했는지, 그리고 생성된 결과를 어떻게 선택, 편집, 가공했는지와 같은 인간의 창작적 기여가 중요합니다. 예를 들어, 일러스트레이터가 AI를 이용해 캐릭터 초안을 여러 개 생성하고, 그중 마음에 드는 것을 선택하여 추가 수정 및 보완 작업을 거쳐 최종 일러스트를 완성했다면, 최종 일러스트는 일러스트레이터의 저작물이 될 수 있습니다. 반면, AI에 모호한 지시만 내리고 생성된 결과물을 그대로 사용하거나, AI가 인간의 구체적인 지시 없이 독립적으로 창작했다고 볼 수 있는 경우에는 저작권이 인정되지 않거나 그 귀속 주체를 판단하기 어렵습니다. 이는 현행 저작권법이 '인간의 창작'을 저작물의 기본 요건으로 보기 때문입니다.

● **인간의 창작적 기여의 중요성**

AI가 생성한 결과물에 대한 저작권을 인정받기 위해서는 인간의 창작적 기여가 필수적입니다. 한국저작권위원회와 문화체육관광부가 발간한 '생성형 인공지능 활용 저작물의 저작권 등록 안내서'에 따르면, AI 산출물을 기초로 인간이 추가 작업을 하여 '통제가능성'과 '예측가능성'이 확보된다면 창작적 기여가 인정될 여지가 높다고 명시하고 있습니다.

- **통제가능성:** 창작자가 표현하고자 하는 바를 결정하고, 그 결정에 따라 표현 방법 및 과정을 주도할 수 있는지를 의미합니다.

- **예측가능성:** 창작자가 표현하고자 하는 바를 의도한 대로 나타낼 수 있는지를 말합니다.

단순히 AI에 모호한 지시(프롬프트)를 내리고 생성된 결과물을 그대로 사용했다면, 인간의 창작적 기여가 거의 인정되지 않아 저작권이 발생하지 않을 가능성이 높습니다. 예를 들어, "하늘을 나는 고양이 그림 그려줘"와 같이 간단한 프롬프트만 입력하여 얻은 결과물은 인간의 사상이나 감정이 담겼다고 보기 어렵습니다.

● **창작의 기여가 인정되는 사례**

AI를 활용한 창작물 중 인간의 창작성이 가미되었다고 인정되어 저작권이 인정된 사례들이 있습니다.

- **편집 저작물:** 여러 개의 기사를 모아서 선택하고 배열, 구성하는 신문이나 잡지처럼 소재의 선택, 배열, 구성에 창작성이 있는 편집물은 저작권이 인정될 수 있습니다. AI 산출물을 기반으로 인간이 추가로 이미지 등을 선택, 배열, 구성한 부분에 대해 창작성이 인정되어 편집저작물로 등록된 영화 "AI수로부인" 사례가 있습니다. 이는 AI 산출물 자체의 저작물성을 인정하는 것이 아니라, AI 산출물을 소재로 인간이 선택, 배열, 구성한 것에 저작권을 인정한다는 의미입니다.

- **미국 사례 – '한 조각의 아메리칸 치즈'**: AI로 만든 여성의 얼굴에 인페인팅 (이미지의 특정 부분을 수정하여 주변 요소와 일관성을 유지하는 기술) 작업을 35회 반복하여 이미지를 정교하게 다듬고, 눈과 녹아내리는 치즈, 내부 장기 등을 추가하여 저작권 등록이 받아들여진 사례입니다. '다단계 절차 – 반복적 개선 – 창의적 의사결정' 과정을 거쳤다는 점이 통제가능성과 예측가능성을 확보하기 위한 노력으로 평가되었습니다.

- **국내 사례1 – 반가사유상 2차 창작**: 사진작가 준초이가 반가사유상 작품을 AI를 통해 신비한 느낌의 영상으로 재탄생시킨 사례입니다. 이 과정에서 그는 '고귀한 조형미를 미래적 분위기로 재해석하기 위해' 약 30회의 프롬프트 조정 작업을 수행하고, '미래적인 색감과 분위기를 표현하기 위해' 다양한 이미지를 생성하며 반복적으로 개선했습니다. 이러한 목적성 있는 개선 작업도 인간의 창작적 기여에 해당한다고 평가되었습니다.

- **국내 사례2 – 강보현 작가의 '符(부)'**: AI로 생성한 이미지 중 작가의 스케치와 일치하는 것만 선별, 배열한 뒤, 세부적인 부분을 수정하여 최종 이미지를 제작하여 저작권이 인정되었습니다. 법원은 이러한 '의도가 담긴 편집'을 인간의 창작적 활동으로 인정했습니다.

● 프롬프트와 저작권

프롬프트 자체는 저작권 보호를 받기 어렵다는 것이 일반적인 견해입니다. 안내서에 따르면, 프롬프트에 창작성이 있다면 그 자체로 저작물로 인정될 수 있다고 하지만, 학습 데이터의 가중치에 따라 인간의 개입 없이 AI 산출물이 생성되고(통제가능성 낮다), 동일한 프롬프트를 입력하더라도 항상 동일한 산출물이 생성되지 않기 때문에(예측가능성 낮다) 창작적 기여로 인정될 가성이 낮다고 설명합니다. 현재 미국은 프롬프트를 저작물로 보호하지 않으며, 우리나라는 상대적으로 미국에 가까운 입장을 취하고 있습니다. 반면, 일본과 중국은 경우에 따라 프롬프트의 저작권 등록이 가능합니다.

• **입증의 중요성**
AI 창작물이 저작물로 보호받기 위해서는 단순히 '독창성'을 갖추는 것만으로는 부족하며, 처음부터 끝까지 분명한 의도를 갖고 작업했다는 사실을 입증하는 것이 중요합니다. 문화체육관광부와 한국저작권위원회는 생성 및 창작 과정을 영상 등으로 기록해두는 것이 저작권 등록 및 향후 분쟁에 중요한 자료로 이용될 수 있다고 명시하고 있습니다. 이러한 증거들은 AI 창작 과정에서 인간의 기여도를 증명하는 데 도움이 될 수 있습니다.

Q3 AI로 생성한 콘텐츠를 판매해도 되나요?

A 인간이 생성 AI를 도구로 사용하여 창작적 가공이나 편집을 추가한 경우, 인간의 저작물로서 저작권이 발생할 수 있으며, 이 경우 저작권자는 콘텐츠를 자유롭게 이용(판매 포함)할 수 있습니다. 그러나 생성된 콘텐츠가 의도치 않게 기존 저작물과 유사한지 반드시 확인해야 합니다. 만약 기존 저작물과 유사하고 의거성이 인정되면, 인간의 창작적 가공이 추가되었더라도 원저작물의 저작권을 침해한 것으로 간주되어 판매가 중단되거나 손해배상 청구를 받을 수 있습니다. 또한, 생성 AI 서비스의 이용 약관을 반드시 확인하여 상업적 이용에 제한이 없는지 확인해야 합니다.

Q4 AI가 학습 데이터로 저작물을 사용하는 것은 합법인가요?

A AI가 학습 데이터로 저작물을 사용하는 행위에 대해서는 일본의 저작권법 제30조의4가 관련됩니다. 이 조항에 따르면 정보 분석(AI 학습 포함) 목적이라면 저작권자의 이익을 부당하게 해치지 않는 한 저작물을 이용할 수 있습니다. 그러나 '저작권자의 이익을 부당하게 해치는 경우'에 대한 해석은 개별 사례에 따라 달라질 수 있으며 여전히 논의의 여지가 있습니다. 미국에서는 공정 이용 원칙에 따라 저작물의 변형적이고 비표현적인 사용으로 간주될 수 있다고 주장되지만, 저작권자들은 허가 없는 복제 및 파생물 제작으로 간주될 수 있다고 반박합니다. 유럽연합(EU)에서는 저작권자가 거부 의사를 밝히지 않은 경우 AI 학습을 위한 저작물 복제가 비침해로 간주될 수 있습니다.

Q5 생성 AI로 인한 저작권 침해를 피하기 위한 방법은 무엇인가요?

A 생성 AI로 인한 저작권 침해를 피하기 위해 다음과 같은 조치를 취할 수 있습니다.

- **가이드라인 수립:** 기업이나 조직에서 생성 AI를 사용할 경우, 직원들이 주의해야 할 사항을 명확히 하는 '생성 AI 이용 가이드라인'을 수립하는 것이 효과적입니다. 이 가이드라인에는 AI 이용 목적과 범위, 허용되는 데이터 종류, 저작권 관련 주의사항 등을 구체적으로 명시해야 합니다. 또한, AI 기술과 법적 논의가 계속 발전하고 있으므로, 가이드라인을 정기적으로 검토하고 업데이트해야 합니다.

- **사전 확인:** 생성된 콘텐츠가 기존 저작물과 유사하거나 직접 복제될 위험이 있으므로, 상업적으로 이용하거나 공개하기 전에 충분히 유사성을 확인해야 합니다. 특히 유명 캐릭터, 디자인, 가사, 멜로디 등과 유사하지 않은지 신중하게 확인해야 합니다.

- **이용 약관 준수:** 사용하려는 생성 AI 서비스의 이용 약관을 반드시 확인하여 생성된 콘텐츠의 저작권 귀속 및 이용 방법에 대한 규칙을 이해하고 준수해야 합니다.

- **전문가 상담:** 생성 AI와 저작권에 관한 문제는 비교적 새로운 분야이므로, 법적 해석이나 실제 적용이 아직 확립되지 않은 부분이 많습니다. 따라서 저작권 침해 가능성이 의심되거나 우려되는 상황이 발생하면, 해당 분야에 정통한 변호사와 상담하는 것이 가장 효과적인 해결책입니다.

Q6 AI가 다른 사람의 저작물을 학습 데이터로 사용하는 것은 합법인가요?

A 이 문제는 전 세계적으로 가장 뜨거운 법적 쟁점이며, 국가 및 개별 사례에 따라 해석이 달라질 수 있습니다.

- 일본은 정보 분석(AI 학습 포함) 목적이라면 저작권자의 이익을 부당하게 해치지 않는 한 저작물을 이용할 수 있도록 규정하고 있습니다.
- 미국에서는 공정 이용 원칙에 따라 저작물의 '변형적이고 비표현적인 사용'으로 간주될 수 있다고 주장되지만, 저작권자들은 허가 없는 복제 및 파생물 제작으로 반박합니다.
- 유럽연합(EU)에서는 저작권자가 거부 의사를 밝히지 않은 경우 AI 학습을 위한 저작물 복제가 비침해로 간주될 수 있습니다.

현재 법적 논의가 계속되고 있으며, AI 학습에 사용된 저작물의 무단 수집 여부는 '공정 이용'을 둘러싼 다툼이 핵심입니다.

Q7 AI로 생성한 콘텐츠를 상업적으로 판매해도 괜찮을까요?

A 신중한 접근이 필요합니다. 인간이 생성 AI를 도구로 사용하여 창작적 가공이나 편집을 추가하여 인간의 저작물로서 저작권이 발생했다면, 해당 인간 저작권자는 콘텐츠를 자유롭게 이용(판매 포함)할 수 있습니다. 그러나 중요한 것은 생성된 콘텐츠가 기존 저작물과 유사한지 반드시 확인해야 한다는 점입니다. 만약 기존 저작물과 유사성이 인정되면, 인간의 창작적 가공이 추가되었더라도 원저작물의 저작권을 침해한 것으로 간주되어 판매가 중단되거나 손해배상 청구를 받을 수 있습니다. 또한, AI 서비스 제공업체의 이용 약관을 반드시 확인하여 상업적 이용에 대한 제한이 없는지 확인해야 합니다.

특히, 사람 얼굴이 포함된 이미지의 경우 모델 릴리스 필요 여부를, 브랜드 로고나 상표가 포함된 경우 상표권 침해 여부를 검토해야 합니다.

Q8 AI로 만든 캐릭터를 저작권 등록할 수 있나요?

A AI가 단독으로 생성한 캐릭터는 원칙적으로 저작권 등록이 어렵습니다. 하지만 한국저작권위원회는 2025년 7월에 발표한 "GAI(생성형 AI) 창작물 등록 가이드"에 따르면 인간의 '창작 기여도'를 입증할 수 있는 경우 등록이 가능하다고 밝혔습니다. 즉, 사람이 아이디어, 구조, 표현 선택에 창작적 개입을 했다을 문서화하고, 프롬프트 기록 등을 제출하면 편집저작물 또는 2차적 저작물로 등록할 가능성이 있습니다.

Q9 AI가 만든 이미지를 상업용 굿즈로 써도 괜찮을까요?

A 데이터와 모델의 약관을 먼저 확인해야 합니다. 일부 플랫폼(예: Midjourney)은 '유료 구독자는 상업 이용 가능'이라 명시하지만, 무료 이용자는 제한되기도 합니다. 약관 위반 시 라이선스가 박탈될 수 있습니다.

Q10 외국에서 생성한 AI 콘텐츠를 국내에서 상업적으로 쓰면 문제가 될 수 있나요?

A 국제 저작권 협약(WIPO, 베른협약 등)에 따라 보호됩니다. 따라서 외국에서 AI로 생성된 콘텐츠라도, 해당 AI가 학습한 데이터가 타인의 저작물이라면 한국 내 사용 시에도 저작권 침해로 간주될 수 있습니다. WTO 및 WIPO 가입국 간 상호 보호 원칙이 적용됩니다.

> • **피하는 방법:** AI 생성 콘텐츠의 원산지, 제작 경위, 학습 범위를 확인하고, 상업적 이용 가능 여부(license)를 체크해야 합니다. 외국 AI 툴은 이용 약관을 엄격히 해석하여, "상업적 재배포 불가 조항"이 있는 경우 사용하지 말 것을 권장합니다.

Q11 AI 기반 제안서 자동생성 프로그램을 사용할 때 발생할 수 있는 저작권 위험은 무엇인가요?

A AI 학습 데이터에 저작권 침해가 포함돼 있을 수 있습니다.

- **예방법:** 상용 AI 툴 중에서는 "사용자 면책 보장"이 있는 플랫폼 사용을 고려하고, 생성물은 반드시 검토 및 편집하며, 유사도 검사 툴을 활용해야 합니다.

Q12 ChatGPT나 Claude 같은 AI 서비스를 상업적으로 이용해도 되나요?

A ChatGPT나 Claude 같은 AI 서비스의 상업적 이용 가능 여부는 각 서비스의 이용약관과 라이선스 정책에 따라 결정됩니다[63]. 대부분의 주요 AI 서비스들은 상업적 이용을 허용하지만, 구체적인 조건과 제한사항이 있으므로 주의 깊게 검토해야 합니다.

OpenAI의 ChatGPT의 경우, 유료 플랜(ChatGPT Plus, Team, Enterprise)에서는 상업적 이용이 허용됩니다. 다만, 생성된 콘텐츠에 대한 저작권은 사용자에게 귀속되지만, OpenAI는 서비스 개선을 위해 데이터를 사용할 수 있는 권리를 보유합니다.

Anthropic의 Claude는 상업적 이용을 허용하되, 특정 용도(불법 활동, 해로운 콘텐츠 생성 등)는 금지하고 있습니다. Google의 Bard(현 Gemini)도 유사한 정책을 가지고 있으며, 기업용 서비스에서는 더 강화된 보안과 개인정보 보호를 제공합니다.

상업적 이용 시 고려사항은 다음과 같습니다. 첫째, 이용약관의 변경 가능성입니다. AI 서비스의 정책은 수시로 변경될 수 있으므로 정기적인 확인이 필요합니다. 둘째, 데이터 보안과 개인정보 보호입니다. 민감한 정보를 AI 서비스에 입력할 때는 각별한 주의가 필요합니다. AI 서비스 상업적 이용 전에 최신 이용약관을 확인하고 필요시 기업용 플랜을 고려하는 것이 좋습니다.

※ 관련 법조문: 개인정보보호법, 정보통신망법
※ 출처: [63] OpenAI, ChatGPT 이용약관 (2024)

Q13 AI로 생성한 이미지나 텍스트가 기존 저작물과 유사하면 저작권 침해인가요?

A AI로 생성한 이미지나 텍스트가 기존 저작물과 유사한 경우의 저작권 침해 여부는 유사성의 정도, 접근 가능성, 창작성 등을 종합적으로 판단해야 하는 복잡한 문제입니다[64]. 단순한 유사성만으로는 침해가 성립하지 않으며, 법적 요건을 충족해야 합니다.

저작권 침해의 성립 요건은 다음과 같습니다. 첫째, 기존 저작물에 대한 접근 가능성입니다. AI가 학습 과정에서 해당 저작물에 접근했을 가능성이 있어야 합니다. 둘째, 실질적 유사성입니다. 보호받는 표현 부분에서 실질적으로 유사해야 하며, 아이디어나 개념의 유사성만으로는 침해가 성립하지 않습니다.

AI 생성물의 특수성도 고려해야 합니다. AI는 학습 데이터의 패턴을 학습하여 새로운 결과물을 생성하므로, 기존 저작물과의 유사성이 우연의 일치일 수도 있습니다. 다만, AI가 특정 저작물을 거의 그대로 복제하는 수준의 결과물을 생성한다면 침해 가능성이 높아집니다.

실무적 대응 방안은 다음과 같습니다. AI 생성물 사용 전 기존 저작물과의 유사성을 검토하고, 의심스러운 경우 법적 검토를 받으며, AI 생성 과정을 문서화하여 독립 창작임을 입증할 수 있도록 준비하는 것입니다.

※ 관련 법조문: 저작권법 제124조, 제125조
※ 출처: [64] AI 생성물 저작권 침해 판례 분석 (2024)

Q14 오픈소스 데이터셋을 AI 학습에 사용할 때 주의사항은 무엇인가요?

A 오픈소스 데이터셋을 AI 학습에 사용할 때는 해당 데이터셋의 라이선스 조건을 정확히 파악하고 준수해야 합니다[67]. 오픈소스라고 해서 무제한 사용이 가능한 것은 아니며, 각 라이선스마다 고유한 조건과 제약이 있습니다.

주요 오픈소스 라이선스의 특징은 다음과 같습니다. 첫째, MIT 라이선스는 상업적 이용을 포함하여 거의 모든 용도로 사용할 수 있지만, 저작권 표시와 라이선스 고지 의무가 있습니다. 둘째, GPL 라이선스는 파생 저작물도 동일한 라이선스로 공개해야 하는 카피레프트 조건이 있습니다.

셋째, Creative Commons 라이선스는 다양한 조건 조합이 있습니다. CC BY는 저작자 표시만 하면 자유롭게 사용할 수 있지만, CC BY-SA는 동일 라이선스로 공유해야 하고, CC BY-NC는 비상업적 용도로만 사용할 수 있습니다.

오픈소스 데이터셋 사용 시 주의사항은 라이선스 조건을 정확히 파악하고 준수하며, 저작자 표시나 라이선스 고지 의무를 이행하고, 상업적 이용 제한이나 카피레프트 조건을 확인하며, 데이터셋에 포함된 개별 데이터의 라이선스도 확인하는 것입니다.
오픈소스 데이터셋 사용 전에 라이선스 호환성을 검토하고 의무사항을 체크리스트로 관리해야 합니다.

※ 관련 법조문: 저작권법 제46조
※ 출처: [67] 오픈소스 라이선스 가이드 (2024)

Q15 소셜미디어에서 수집한 데이터를 AI 학습에 사용할 수 있나요?

A 소셜미디어에서 수집한 데이터를 AI 학습에 사용하는 것은 플랫폼의 이용약관, 게시물의 저작권 상태, 개인정보보호 등 다양한 법적 요소를 고려해야 하는 복잡한 문제입니다[73].

소셜미디어 데이터 수집의 법적 제약은 다음과 같습니다. 첫째, 플랫폼 이용약관입니다. 대부분의 소셜미디어 플랫폼은 이용약관에서 자동화된 데이터 수집을 제한하고 있습니다. 둘째, API 정책입니다. 공식 API를 통한 데이터 수집도 용도와 규모에 제한이 있습니다.

게시물의 저작권 문제도 중요합니다. 사용자가 게시한 텍스트, 이미지, 영상 등은 해당 사용자의 저작물일 수 있으므로, 이를 AI 학습에 사용하려면 저작권자의 허락이 필요할 수 있습니다. 다만, 공개된 게시물에 대한 연구 목적의 이용은 공정이용으로 인정될 가능성이 있습니다.

개인정보보호 측면에서는 게시물에 포함된 개인정보의 처리에 주의해야 합니다. 사용자명, 프로필 정보, 위치 정보 등이 포함된 경우 개인정보 보호법을 준수해야 합니다.

또한, 소셜미디어 데이터 수집 시에는 플랫폼의 공식 API를 활용하고 이용약관도 준수해야 합니다.

※ 관련 법조문: 저작권법, 개인정보보호법
※ 출처: [73] 소셜미디어 데이터와 법적 이슈 (2024)

Q16 정부나 공공기관에서 공개한 데이터를 AI 학습에 사용해도 되나요?

A 정부나 공공기관에서 공개한 데이터를 AI 학습에 사용하는 것은 일반적으로 허용되지만, 해당 데이터의 이용 조건과 제한사항을 확인해야 합니다[75]. 공공데이터라 하더라도 무제한 이용이 보장되는 것은 아닙니다.

공공데이터의 법적 성격은 다음과 같습니다. 공공데이터의 제공 및 이용 활성화에 관한 법률에 따라 공공기관이 보유한 데이터는 원칙적으로 개방하도록 되어 있습니다. 다만, 개인정보, 국가기밀, 영업비밀 등은 제외됩니다.

공공데이터 이용 시 고려사항은 다음과 같습니다. 첫째, 이용 조건 확인입니다. 공공데이터포털 등에서 제공하는 데이터의 이용 조건을 확인해야 합니다. 둘째, 저작권 상태 확인입니다. 공공기관이 제공하는 데이터라 하더라도 제3자의 저작권이 포함되어 있을 수 있습니다.

셋째, 개인정보 포함 여부입니다. 공개된 공공데이터라 하더라도 개인정보가 포함되어 있다면 개인정보보호법을 준수해야 합니다. 넷째, 상업적 이용 제한입니다. 일부 공공데이터는 비상업적 용도로만 이용을 허용하는 경우가 있습니다.

공공데이터 이용 시에는 공공데이터포털의 이용 조건을 반드시 확인해야 합니다.

※ 관련 법조문: 공공데이터법, 저작권법
※ 출처: [75] 공공데이터 활용 가이드 (2024)

Q17 학술 논문이나 연구 데이터를 AI 학습에 사용할 수 있나요?

A 학술 논문이나 연구 데이터를 AI 학습에 사용하는 것은 해당 자료의 저작권 상태, 이용 조건, 연구 윤리 등을 종합적으로 고려해야 하는 문제입니다[78]. 학술 자료라 하더라도 저작권 보호를 받으므로 신중한 접근이 필요합니다.

학술 논문의 저작권 상태는 다음과 같습니다. 학술 논문은 저작권법상 어문저작물로 보호받으며, 일반적으로 저자가 저작권을 갖습니다. 다만, 학술지에 게재하면서 출판사에 저작권을 양도하는 경우도 많습니다. 오픈액세스 논문의 경우 Creative Commons 라이선스가 적용되는 경우가 많습니다.

연구 데이터의 이용 조건은 다음과 같습니다. 공개된 연구 데이터라 하더라도 이용 조건이 명시되어 있는 경우가 많습니다. 일부는 연구 목적으로만 이용을 허용하고, 상업적 이용을 제한하는 경우도 있습니다.

학술 자료 이용 시 고려사항은 저작권법 제28조의 연구 목적 공정이용 가능성을 검토하고, 인용의 원칙을 준수하며, 연구 윤리와 학술적 정직성을 유지하고, 개인정보가 포함된 연구 데이터의 경우 IRB 승인 여부를 확인하는 것입니다.

학술 자료 이용 시에는 해당 분야의 연구 윤리 가이드라인을 함께 확인해야 합니다.

※ 관련 법조문: 저작권법 제28조
※ 출처: [78] 학술 연구와 저작권 (2024)

Q18 AI 학습 데이터의 출처를 공개해야 하나요?

A AI 학습 데이터의 출처 공개 의무는 법적 요구사항, 윤리적 고려사항, 투명성 원칙 등을 종합적으로 고려하여 결정해야 하는 문제입니다[80]. 현재 명확한 법적 의무는 없지만, 투명성과 책임성 확보를 위해 점차 중요해지고 있습니다.

데이터 출처 공개의 법적 근거는 다음과 같습니다. 저작권법 제25조에 따라 저작물을 이용할 때는 출처를 명시해야 하므로, 저작권이 있는 데이터를 사용한 경우 출처 표시 의무가 있을 수 있습니다. EU의 AI 법은 고위험 AI 시스템에 대해 학습 데이터의 투명성을 요구하고 있습니다.

윤리적 고려사항은 다음과 같습니다. AI 윤리 원칙에 따라 투명성과 설명가능성이 중요한 가치로 인식되고 있으며, 데이터 출처 공개는 AI 시스템의 신뢰성을 높이는 중요한 요소입니다. 또한 데이터 제공자의 기여를 인정하는 것도 윤리적 의무입니다.

실무적 고려사항은 다음과 같습니다. 영업비밀이나 경쟁 우위와 관련된 데이터 출처는 공개가 어려울 수 있고, 개인정보가 포함된 데이터의 경우 출처 공개가 개인정보보호에 위배될 수 있으며, 데이터 출처가 너무 방대한 경우 실무적 어려움이 있을 수 있습니다.

데이터 출처 관리 시스템을 구축하여 투명성과 추적가능성을 확보해야 합니다.

※ 관련 법조문: 저작권법 제25조
※ 출처: [80] AI 투명성과 데이터 거버넌스 (2024)

Q19 AI가 생성한 콘텐츠가 기존 저작물을 표절한 것 같으면 어떻게 해야 하나요?

A AI가 생성한 콘텐츠가 기존 저작물을 표절한 것으로 의심되는 경우, 즉시 사용을 중단하고 전문적인 검토를 통해 침해 여부를 판단한 후 적절한 대응 방안을 수립해야 합니다[87].

표절 의심 시 즉시 대응 방안은 다음과 같습니다. 첫째, 해당 콘텐츠의 사용을 즉시 중단합니다. 추가적인 침해 확산을 방지하기 위해 배포나 게시를 중단해야 합니다. 둘째, 유사성의 정도를 정확히 파악합니다. 전문적인 표절 검사 도구나 전문가의 도움을 받아 객관적으로 분석해야 합니다.

법적 검토 사항은 다음과 같습니다. 실질적 유사성의 정도, 보호받는 표현 부분의 이용 여부, 공정이용 가능성, AI 학습 과정에서의 접근 가능성 등을 종합적으로 검토해야 합니다. 단순한 아이디어나 개념의 유사성은 저작권 침해에 해당하지 않으므로, 구체적인 표현의 유사성을 중심으로 판단해야 합니다.

대응 방안 수립은 다음과 같습니다. 침해가 명확한 경우에는 저작권자에게 사과하고 라이선스 협상을 시도하며, 침해 여부가 불분명한 경우에는 법적 자문을 받아 대응 전략을 수립하고, 향후 재발 방지를 위한 시스템을 구축해야 합니다.

예방 조치로는 AI 생성 전에 유사성 검사 도구를 활용하고, AI 모델의 학습 데이터를 검토하며, 생성 과정에서 다양성을 확보하는 방안을 마련하는 것이 중요합니다.

※ 관련 법조문: 저작권법 제124조, 제125조
※ 출처: [87] AI 표절 탐지와 대응 (2024)

Q20 AI가 생성한 콘텐츠의 저작권을 등록할 수 있나요?

A AI가 생성한 콘텐츠의 저작권 등록 가능 여부는 인간의 창작적 기여가 인정되는지에 따라 결정됩니다[89]. 현행 저작권 등록 제도는 인간의 창작을 전제로 하고 있어, 순수한 AI 생성물은 등록이 어려운 상황입니다.

저작권 등록의 요건은 다음과 같습니다. 저작권법 제53조에 따라 저작권 등록을 할 수 있지만, 등록 대상은 저작권법상 저작물이어야 합니다. 저작물은 '인간의 사상 또는 감정을 표현한 창작물'이므로, AI 생성 콘텐츠라 하더라도 인간의 창작적 기여가 있어야 등록이 가능합니다.

등록 가능한 AI 생성 콘텐츠의 조건은 다음과 같습니다. 첫째, 인간이 창작적 프롬프트를 작성하고 AI 결과물을 선별한 경우입니다. 둘째, AI 생성 초안을 인간이 상당 부분 수정하고 보완한 경우입니다. 셋째, 여러 AI 생성물을 인간이 창작적으로 편집하고 구성한 경우입니다.

등록 시 제출 자료는 다음과 같습니다. 창작 과정을 보여주는 자료(프롬프트, 수정 과정 등), 인간의 창작적 기여를 입증하는 자료, 최종 결과물과 AI 원본의 비교 자료 등을 준비해야 합니다.

실무적으로는 AI 생성 과정에서 인간의 창작적 기여를 최대화하고, 이를 명확히 기록하며, 등록 전에 전문가의 검토를 받는 것이 바람직합니다. 또한 등록이 거부될 가능성도 고려하여 대안적 보호 방안을 마련해야 합니다.

※ 관련 법조문: 저작권법 제53조
※ 출처: [89] 저작권 등록 실무 (2024)

Q21 AI가 생성한 콘텐츠로 수익을 얻을 수 있나요?

A AI가 생성한 콘텐츠로 수익을 얻는 것은 법적으로 가능하지만, AI 도구의 라이선스 조건, 저작권 상태, 품질 보증 등 다양한 요소를 고려해야 합니다[90].

수익 창출의 법적 근거는 다음과 같습니다. AI 생성 콘텐츠에 저작권이 없다면 누구나 자유롭게 이용할 수 있으므로 수익 창출이 가능합니다. 인간의 창작적 기여가 있어 저작권이 인정되는 경우에는 해당 저작권자가 수익을 얻을 권리가 있습니다.

AI 도구 라이선스의 영향은 다음과 같습니다. 대부분의 AI 서비스는 상업적 이용을 허용하지만, 구체적인 조건이 다를 수 있습니다. 일부 서비스는 무료 플랜에서는 상업적 이용을 제한하고, 유료 플랜에서만 허용하는 경우가 있습니다. 또한 생성된 콘텐츠의 재판매나 라이선싱에 대한 별도 제한이 있을 수 있습니다.

수익 창출 방식별 고려사항은 다음과 같습니다. 첫째, 직접 판매입니다. AI 생성 이미지, 음악, 텍스트 등을 직접 판매하는 경우 품질과 독창성을 확보해야 합니다. 둘째, 라이선싱입니다. 다른 업체에 이용권을 부여하는 경우 라이선스 조건을 명확히 해야 합니다.

셋째, 서비스 제공입니다. AI 생성 콘텐츠를 활용한 서비스를 제공하는 경우 서비스의 품질과 안정성을 보장해야 합니다. 넷째, 플랫폼 판매입니다. 온라인 마켓플레이스에서 판매하는 경우 해당 플랫폼의 정책을 확인해야 합니다.

AI 콘텐츠로 수익 창출 시에는 품질 관리와 법적 검토를 병행해야 합니다.

※ 관련 법조문: 저작권법, 민법
※ 출처: [90] AI 콘텐츠 비즈니스 모델 (2024)

Q22 AI가 생성한 콘텐츠를 NFT로 만들어도 되나요?

A AI가 생성한 콘텐츠를 NFT로 만드는 것은 기술적으로 가능하지만, 저작권 상태, 소유권 문제, 플랫폼 정책 등을 종합적으로 고려해야 합니다[91].

NFT와 저작권의 관계는 다음과 같습니다. NFT는 디지털 자산의 소유권을 증명하는 기술이지만, 저작권과는 별개의 개념입니다. NFT를 소유한다고 해서 해당 콘텐츠의 저작권을 갖는 것은 아니며, 저작권이 없는 콘텐츠라도 NFT로 만들 수 있습니다.

AI 생성 콘텐츠 NFT의 특수성은 다음과 같습니다. 순수한 AI 생성 콘텐츠는 저작권이 없으므로 누구나 동일한 콘텐츠로 NFT를 만들 수 있습니다. 다만, 최초 생성자나 특정 플랫폼에서 발행한 NFT가 더 높은 가치를 인정받을 수 있습니다.

인간의 창작적 기여가 있는 AI 생성 콘텐츠의 경우에는 해당 저작권자만이 적법하게 NFT를 발행할 수 있습니다. 무단으로 타인의 AI 생성 저작물을 NFT로 만드는 것은 저작권 침해에 해당할 수 있습니다.

NFT 플랫폼별 정책도 고려해야 합니다. 일부 NFT 마켓플레이스는 AI 생성 콘텐츠에 대한 별도 정책을 두고 있으며, AI 생성 여부를 명시하도록 요구하는 경우도 있습니다.

실무적으로는 AI 생성 과정을 명확히 기록하고, 플랫폼의 정책을 확인하며, NFT 구매자에게 저작권 상태를 명확히 고지하는 것이 바람직합니다.

※ 관련 법조문: 저작권법
※ 출처: [91] NFT와 지식재산권 (2024)

Q23 AI가 생성한 콘텐츠를 교육 목적으로 사용해도 되나요?

A AI가 생성한 콘텐츠를 교육 목적으로 사용하는 것은 일반적으로 허용되지만, 교육의 범위, 상업성 여부, 저작권 상태 등을 고려해야 합니다 [94].

교육 목적 이용의 법적 근거는 다음과 같습니다. 저작권법 제25조는 학교 교육 목적상 필요한 경우 저작물의 이용을 허용하고 있습니다. AI 생성 콘텐츠에 저작권이 없다면 더욱 자유롭게 교육 목적으로 활용할 수 있습니다.

허용되는 교육 목적 이용의 범위는 다음과 같습니다. 첫째, 학교에서의 수업 자료로 활용하는 경우입니다. 둘째, 교육과정의 일환으로 학생들이 AI 도구를 학습하는 경우입니다. 셋째, 연구 목적의 학술적 이용입니다. 넷째, 비영리 교육기관에서의 활용입니다.

주의해야 할 사항은 다음과 같습니다. 상업적 교육 서비스에서 AI 생성 콘텐츠를 사용하는 경우에는 별도의 라이선스가 필요할 수 있습니다. 또한 AI 생성 콘텐츠의 정확성이나 적절성을 검증하지 않고 교육 자료로 사용하는 것은 교육의 질을 해칠 수 있습니다.

교육 현장에서의 실무적 고려사항은 AI 생성 콘텐츠임을 학생들에게 명확히 고지하고, 내용의 정확성을 검증한 후 사용하며, 학생들의 창의성과 비판적 사고력 개발에 도움이 되는 방향으로 활용하고, AI 윤리와 책임감 있는 사용법도 함께 교육하는 것입니다.

※ 관련 법조문: 저작권법 제25조
※ 출처: [94] 교육과 AI 기술 (2024)

Q24 AI가 생성한 콘텐츠의 진위를 어떻게 확인할 수 있나요?

A AI가 생성한 콘텐츠의 진위 확인은 기술적 탐지 도구, 메타데이터 분석, 전문가 검토 등 다양한 방법을 종합적으로 활용해야 합니다[95].

기술적 탐지 방법은 다음과 같습니다. 첫째, AI 탐지 도구입니다. GPTZero, AI Content Detector 등의 도구를 활용하여 텍스트의 AI 생성 여부를 판단할 수 있습니다. 둘째, 이미지 분석 도구입니다. AI 생성 이미지의 특징적 패턴을 분석하는 도구들이 개발되고 있습니다.

메타데이터 분석 방법은 파일의 생성 정보, 편집 이력, 소프트웨어 정보 등을 확인하여 AI 생성 여부를 추정할 수 있습니다. 다만, 메타데이터는 조작이 가능하므로 절대적인 판단 기준은 아닙니다.

전문가 검토 방법은 해당 분야의 전문가가 콘텐츠의 특성, 품질, 일관성 등을 종합적으로 분석하여 AI 생성 여부를 판단하는 방법입니다. 특히 창작 과정의 논리성이나 인간적 감성의 표현 등을 중점적으로 검토합니다.

블록체인 기반 인증은 콘텐츠 생성 과정을 블록체인에 기록하여 위변조를 방지하는 방법입니다. 향후 AI 생성 콘텐츠의 진위 확인에 중요한 역할을 할 것으로 예상됩니다.

실무적으로는 여러 방법을 조합하여 종합적으로 판단하고, 100% 확실한 판단이 어려운 경우에는 AI 생성 가능성을 염두에 두고 활용하는 것이 바람직합니다.

※ 관련 법조문: 전자문서법
※ 출처: [95] AI 콘텐츠 탐지 기술 (2024)

Q25 AI가 생성한 콘텐츠를 번역해서 사용해도 되나요?

A AI가 생성한 콘텐츠를 번역해서 사용하는 것은 원본 콘텐츠의 저작권 상태와 번역의 창작성에 따라 판단해야 합니다[96].

AI 생성 콘텐츠 번역의 법적 성격은 다음과 같습니다. 원본 AI 생성 콘텐츠에 저작권이 없다면 누구나 자유롭게 번역할 수 있습니다. 다만, 번역 과정에서 창작성이 인정된다면 번역자가 번역물에 대한 저작권을 갖게 됩니다.

원본에 저작권이 있는 경우에는 저작권자의 허락을 받아야 번역할 수 있습니다. 저작권법 제5조에 따라 번역은 2차적저작물 작성에 해당하므로, 원지직권자의 동의가 필요합니다.

번역의 창작성 인정 기준은 다음과 같습니다. 단순한 기계 번역은 창작성을 인정받기 어렵지만, 문화적 맥락을 고려한 의역이나 창작적 표현이 포함된 번역은 저작물로 보호받을 수 있습니다. AI 번역 도구를 사용하더라도 인간의 검토와 수정이 포함된다면 창작성이 인정될 수 있습니다.

실무적 고려사항은 다음과 같습니다. 원본 콘텐츠의 저작권 상태를 확인하고, 번역 과정에서 창작적 기여를 최대화하며, AI 번역 도구 사용 시 해당 도구의 라이선스 조건을 확인하고, 번역의 정확성과 품질을 검증해야 합니다.

AI 콘텐츠 번역 시에는 원본의 권리 상태를 확인하고 창작적 번역을 통해 부가가치를 창출하는 것이 좋습니다.

※ 관련 법조문: 저작권법 제5조
※ 출처: [96] 번역과 저작권 (2024)

Q26 AI가 생성한 콘텐츠를 다른 AI 도구로 재가공해도 되나요?

A AI가 생성한 콘텐츠를 다른 AI 도구로 재가공하는 것은 원본 콘텐츠의 권리 상태, 각 AI 도구의 라이선스 조건, 재가공의 정도 등을 종합적으로 고려해야 합니다[97].

AI 간 재가공의 법적 특성은 다음과 같습니다. 원본 AI 생성 콘텐츠에 저작권이 없다면 다른 AI 도구로 재가공하는 것이 자유롭게 허용됩니다. 다만, 재가공 과정에서 인간의 창작적 기여가 있다면 재가공자가 결과물에 대한 저작권을 가질 수 있습니다.

각 AI 도구의 라이선스 조건도 중요합니다. 첫 번째 AI 도구에서 생성된 콘텐츠를 다른 AI 도구의 입력으로 사용하는 것이 허용되는지 확인해야 합니다. 일부 AI 서비스는 생성된 콘텐츠를 경쟁 서비스에 사용하는 것을 제한할 수 있습니다.

재가공의 창작성 인정 요건은 다음과 같습니다. 단순히 AI 도구를 연속적으로 사용하는 것만으로는 창작성을 인정받기 어렵고, 각 단계에서 인간의 창작적 판단과 선택이 포함되어야 합니다. 또한 최종 결과물이 원본과 실질적으로 다른 새로운 가치를 가져야 합니다.

실무적 주의사항은 다음과 같습니다. 각 AI 도구의 이용약관을 확인하고, 재가공 과정에서 인간의 창작적 기여를 최대화하며, 최종 결과물의 품질과 독창성을 확보하고, 재가공 과정을 문서화하여 창작성을 입증할 수 있도록 준비해야 합니다.

AI 도구 간 재가공 시에는 각 단계에서 창작적 가치를 추가하여 새로운 저작물을 만드는 것이 좋습니다.

※ 관련 법조문: 저작권법 제5조
※ 출처: [97] AI 도구 연계 활용 (2024)

Q27 AI가 생성한 콘텐츠의 보존 기간은 얼마나 되나요?

A AI가 생성한 콘텐츠의 보존 기간은 해당 콘텐츠의 저작권 상태, 이용 목적, 관련 법령에 따라 달라지며, 명확한 법적 기준이 없는 상황입니다[98].

저작권이 있는 AI 생성 콘텐츠의 경우, 일반적인 저작권 보호 기간이 적용됩니다. 저작권법 제39조에 따라 저작자 생존 기간과 사후 70년간 보호되지만, AI 생성 콘텐츠의 경우 저작자가 누구인지 명확하지 않아 적용에 어려움이 있습니다.

저작권이 없는 순수 AI 생성 콘텐츠의 경우, 법적 보호 기간이 없으므로 이론적으로는 영구적으로 이용할 수 있습니다. 다만, 실무적으로는 기술적 호환성, 저장 매체의 수명, 서비스 제공업체의 정책 등을 고려해야 합니다.

개인정보가 포함된 AI 생성 콘텐츠의 경우, 개인정보보호법에 따른 보존 기간 제한을 받을 수 있습니다. 개인정보보호법 제21조에 따라 보유 목적이 달성되면 지체 없이 파기해야 합니다.

실무적 보존 기간 설정 기준은 다음과 같습니다. 콘텐츠의 이용 목적과 가치, 저장 비용과 관리 부담, 법적 위험과 책임, 기술적 호환성과 접근성 등을 종합적으로 고려하여 적절한 보존 기간을 설정해야 합니다.

※ 관련 법조문: 저작권법 제39조, 개인정보보호법 제21조
※ 출처: [98] 디지털 콘텐츠 보존 정책 (2024)

디자인 및 콘텐츠 사이트 저작권 FAQ

자주 묻는 질문

디자인 및 콘텐츠 사이트 저작권 FAQ

빠르게 알아보는 디자인 및 콘텐츠 분야 저작권 FAQ 10가지

1 인스타그램에 올린 사진은 저작권이 있나요?
▶ 네. 사진은 창작물로 간주되며, 촬영자에게 저작권이 있습니다.

2 다른 사람의 사진을 리그램해도 되나요?
▶ 원저작자의 허락 없이 리그램은 저작권 침해가 될 수 있습니다.

3 유튜브 영상에 배경 음악을 넣으면 저작권 문제가 있나요?
▶ 음악 저작권을 확보하지 않으면 침해입니다. 무료 음원 사용을 권장합니다.

4 밈(Meme)은 자유롭게 사용해도 되나요?
▶ 밈도 원저작물이 있다면 저작권 침해가 될 수 있습니다.

5 트위터(X) 글을 캡처해서 블로그에 올려도 되나요?
▶ 글 자체가 저작물일 수 있으므로 출처 명시와 허락이 필요합니다.

6 내 SNS 글을 누가 책에 실었어요. 저작권 침해인가요?
▶ 허락 없이 사용했다면 침해입니다. 저작권은 창작자에게 있습니다.

7 유튜브 썸네일도 저작권 대상인가요?
▶ 네. 시각적 창작물로 보호됩니다.

8 SNS에서 공유된 콘텐츠는 자유롭게 써도 되나요?
▶ 공유 기능은 사용 권한을 의미하지 않습니다. 원저작자의 허락이 필요합니다.

9 댓글도 저작권이 있나요?
▶ 창작성이 있다면 댓글도 저작권 보호 대상입니다.

10 SNS에 올린 그림을 NFT로 만들면 저작권은 어떻게 되나요?
▶ 그림의 저작권은 창작자에게 있으며, NFT는 소유권과는 별개입니다.

Q1 웹사이트의 레이아웃이나 '룩앤필'도 저작권으로 보호받을 수 있나요?

A 웹사이트의 레이아웃이나 '룩앤필(Look & Feel)' 자체는 저작권법상 독창성 요건을 충족하지 못해 보호받기 어렵습니다. 즉, 단순히 색상 선택, 탐색 및 콘텐츠 요소의 배치, 그래픽 요소만으로는 저작권 보호를 받기 위한 "독창성의 문턱"을 넘기 어렵습니다.

Q2 HTML 소스 코드와 CSS 스타일 시트도 저작권으로 보호받을 수 있나요?

A HTML 소스 코드와 CSS 스타일 시트는 일반적으로 독창적 표현이 인정되기 어려워 저작권 보호 대상이 아니지만, 코드의 배치나 구성 방식에 창작성이 있다면 예외적으로 보호를 받을 수 있습니다. 웹사이트의 HTML, CSS, JavaScript 등 전체 소스와 코드 구조의 조합에 창작성이 있으면 편집 저작물이나 프로그램 저작물로 인정받을 수 있습니다. 저작권은 감정이나 아이디어 표현이 아닌, 창작적 표현 형식만 보호합니다.

※ 출처: 대법원 1999. 10. 22. 선고 98도1112 판결: 표현 형식만 보호 원칙.
※ 저작권위원회 자료: 선택·배열·구성의 창작성 인정 시 저작물로 판단.

Q3 웹사이트에 게시된 일반적인 텍스트 콘텐츠는 저작권으로 보호되나요?

A 웹사이트의 콘텐츠 중 텍스트 형태의 기사나 보고서 등은 저작권법에 따라 보호받을 수 있습니다. 그러나 이 역시 '독창성의 문턱'을 충족해야 하며, 이는 개별 사례에 따라 법원의 판단이 달라질 수 있습니다. 단순한 설명 텍스트, 뉴스 속보, 숫자와 사실, 광고 문구, 간단한 디자인 요소는 일반적으로 독창성 요건을 충족하지 못해 보호받지 못합니다. 반면, 상세한 설명 텍스트나 개인적인 체험 보고서(블로그/웹로그) 등은 일반적으로 저작권법의 보호를 받는 저작물로 간주됩니다.

Q4 웹사이트에 게시된 사진은 저작권으로 보호되나요?

A 사진은 "작품"으로 간주되어 예술적 가치나 독창성의 정도와 관계없이 즉시 저작권 보호를 받습니다. '썸네일'이나 '미리보기'와 같이 고도로 축소된 이미지도 저작권 보호 대상에 포함됩니다.

Q5 다른 사람의 콘텐츠(텍스트, 이미지, 비디오, 음악)를 내 웹사이트에 사용하려면 어떻게 해야 하나요?

A 다른 사람의 저작물을 웹사이트에 사용하려면 반드시 서면 허락을 받아야 합니다. 단순히 출처를 밝히는 것만으로는 저작권 침해를 피할 수 없습니다. 수익을 창출하지 않는 블로그라도 허락 없이 타인의 저작물을 사용하는 것은 저작권 침해에 해당합니다. 또한, 저작물의 일부만 사용하는 경우에도 '안전한 양'이라는 것은 없으며, 무단 사용은 저작권 침해로 간주됩니다.

Q6 웹사이트에 저작권 표시를 해야 저작권 보호를 받을 수 있나요?

A 독일 사례에 따르면, 저작권 표시가 없더라도 저작권법상의 작품은 자동으로 저작권 보호를 받습니다. 별도의 명시적인 식별이 필요하지 않습니다. 한국 역시 저작물을 창작한 순간 자동으로 저작권이 발생하므로, 저작권 표시가 없어도 저작권법에 의해 보호를 받습니다.

Q7 웹사이트에 하이퍼링크를 제공할 때도 허락이 필요한가요?

A 온라인 콘텐츠에 대한 하이퍼링크(URL)를 제공하는 것은 저작권 침해 위험을 줄이는 효과적인 방법이 될 수 있습니다. 가능하면 저작물의 원본 출처(창작자 또는 저작권 소유자의 웹사이트)에 링크하는 것이 좋습니다.

일부 관할권에서는 임베딩 링크가 합법적이지 않을 수 있으며, 해적판 또는 무단 콘텐츠로 연결되지 않도록 링크하기 전에 조사를 해야 합니다. 또한, 웹사이트에 링크 금지라고 명시되어 있다면 링크를 걸지 않아야 합니다.

Q8 디지털 자산을 저작권으로 보호하는 방법은 무엇인가요?

A 디지털 자산에 대한 저작권은 창작자가 원본 작품을 유형적으로 고정하는 순간부터 존재하지만, 법적 조치를 통해 독점적 권리를 행사하려면 자산을 등록해야 합니다. 등록을 위해서는 온라인 또는 우편으로 신청서를 작성하고 수수료를 지불하며, 등록하려는 작품의 사본을 제출해야 합니다. 저작권 침해 소송에 대비하여 출판 후 3개월 이내 또는 침해 발생 전에 저작권을 등록하는 것이 중요합니다.

Q9 DMCA(디지털 밀레니엄 저작권법)는 무엇이며 디지털 콘텐츠 보호에 어떻게 도움이 되나요?

A DMCA(Digital Millennium Copyright Act)는 미국에서 디지털 콘텐츠 제작자를 저작권 침해로부터 보호하기 위해 1998년에 제정된 법률입니다. 이 법은 저작권자의 허락 없이 저작권이 있는 자료(음악, 비디오, 이미지, 소프트웨어, 문서 등)를 복제, 배포, 전시하는 것을 불법으로 규정합니다. DMCA는 온라인 서비스 제공자에게도 세이프 하버(면책) 조항을 제공하여, 저작권 침해 신고를 받고 해당 콘텐츠를 제거하는 등의 절차를 준수하면 법적 책임을 면제받을 수 있도록 합니다. 콘텐츠 제작자는 저작권을 등록하고 온라인 플랫폼을 모니터링하여 침해 콘텐츠를 발견하면 서비스 제공자에게 삭제 요청 통지를 보낼 수 있습니다.

Q10 크리에이티브 커먼즈(Creative Commons) 라이선스는 무엇이며 저작권과 어떤 관계가 있나요?

A 크리에이티브 커먼즈(CC)는 저작권의 존재를 기반으로 하는 저작권 라이선스입니다. CC 라이선스는 저작권자가 자신의 저작물에 대한 특정 사용 권한을 대중에게 부여하면서도 다른 권리는 유보할 수 있도록 돕는 법적 도구입니다. CC 라이선스는 저작물을 재사용하고 싶어 하는 사람들에게 관대하고 표준화된 조건을 제공하여 창의성과 지식의 공유 및 재사용을 가능하게 합니다.

CC 라이선스는 저작권법의 예외 및 제한 사항(예: 공정 이용)을 축소, 제한 또는 구속하지 않습니다. 모든 CC 라이선스는 이용자가 저작물을 사용하고 공유할 때 저작자에게 저작자 표시(BY)를 요구합니다. CC 라이선스는 교육 자료, 음악, 사진, 데이터베이스 등 다양한 유형의 저작물에 적용될 수 있습니다. 다만, 컴퓨터 소프트웨어 및 하드웨어에는 CC 라이선스 사용을 권장하지 않습니다.

● **크리에이티브 커먼즈 라이선스의 정의 및 목적**

CC 라이선스는 미국의 비영리 단체인 크리에이티브 커먼즈가 만들었으며, 저작권자가 자신의 저작물에 대한 재사용, 수정, 배포를 표준 저작권이 허용하는 것보다 더 관대한 조건으로 허용할 수 있도록 돕습니다. 이는 모든 지적 재산권을 행사하지 않고 일부 권리만 보유하거나 권리를 포기하여 저작물이 더 많이 노출되고 광범위하게 배포되기를 바라거나, 지적 공유물에 기여하고자 하는 창작자들을 위한 것입니다. CC 라이선스는 저작권의 모든 권리를 보유하는 것과 퍼블릭 도메인(모든 권리 포기) 사이에서 창작자에게 다양한 선택지를 제공합니다.

● **저작권과의 관계**

CC 라이선스는 저작권을 대체하거나 제거하는 것이 아니라, 기존 저작권 체계 위에서 작동하는 방식입니다. 즉, 저작권자가 자신의 저작물에 대한 저작권을 보유한 상태에서, 대중에게 특정 이용 권한을 표준화된 방식으로 부여하는 것입니다. CC 라이선스를 적용하려면 저작물에 대한 저작권을 소유하거나 저작권자로부터 명시적인 허락을 받아야 합니다. CC 라이선스는 이용자에게 저작권 침해 우려 없이 저작물을 사용할 수 있는 합법적인 수단을 제공하며, 원저작자에게 개별적인 허락을 받지 않아도 된다는 장점이 있습니다. 또한, CC 라이선스는 저작권법에서 허용하는 공정 이용(Fair Use)과 같은 예외 및 제한 사항을 축소하거나 구속하지 않습니다. 이는 저작권자가 선택한 라이선스 조건보다 공정 이용이 더 넓은 범위의 사용을 허용하는 경우에도 공정 이용이 우선한다는 의미입니다.

● **CC 라이선스의 주요 이용 허락 조건 (요소)**

CC 라이선스는 크게 4가지 기본 조건을 조합하여 다양한 유형을 제공합니다. 모든 CC 라이선스는 저작자 표시(Attribution) 조건을 필수로 포함합니다.

- **저작자표시(BY; Attribution):** 저작물을 사용할 때 원저작자를 반드시 표기해야 합니다.

- **저비영리(NC; Noncommercial):** 저작물을 영리 목적으로 사용할 수 없습니다.

- **저변경금지(ND; No Derivative Works):** 저작물을 변경할 수 없으며, 원본 그대로만 이용해야 합니다.

- **저동일조건변경허락(SA; Share Alike):** 2차 저작물을 만들 경우, 원저작물과 동일하거나 호환 가능한 라이선스를 사용해야 합니다.

● **CC 라이선스 유형**

위 4가지 요소를 조합한 6가지 주요 CC 라이선스 유형이 있습니다.

- **BY (저작자표시)**: 저작자 표시만 하면 상업적 이용 및 변경을 포함한 모든 재사용이 가능합니다. 가장 자유로운 라이선스입니다.

- **BY-SA (저작자표시-동일조건변경허락)**: 저작자 표시와 함께 2차 저작물에도 동일한 라이선스를 적용해야 합니다.

- **BY-NC (저작자표시-비영리)**: 저작자 표시를 해야 하지만, 비영리 목적으로만 사용해야 합니다.

- **BY-NC-SA (저작자표시-비영리-동일조건변경허락)**: 저작자 표시를 하고 비영리 목적으로만 사용하며, 2차 저작물에도 동일한 라이선스를 적용해야 합니다.

- **BY-ND (저작자표시-변경금지)**: 저작자 표시를 해야 하지만, 변경 없이 원본 그대로만 사용해야 합니다.

- **BY-NC-ND (저작자표시-비영리-변경금지)**: 저작자 표시를 하고 비영리 목적으로만 사용하며, 변경 없이 원본 그대로만 사용해야 합니다. 가장 제한적인 라이선스입니다.

CC 라이선스 외에, CC0(CC Zero)는 저작자가 자신의 저작권을 포기하고 작품을 전 세계 퍼블릭 도메인으로 헌정하는 도구입니다. CC0가 적용된 저작물은 어떤 조건도 없이 모든 매체나 형식으로 배포, 리믹스, 각색, 구축할 수 있습니다.

Q11 저작권 침해 시 어디에 문의하고 도움을 받을 수 있나요?

A 대한민국에서는 한국저작권위원회가 저작권 관련 대표적인 공공기관입니다. 문화체육관광부 소속의 전문기관으로서 저작권 상담센터를 운영하고 있습니다. 이 외에도 한국저작권보호원 저작권 보호 상담, 한국출판협동조합 저작권 교육 및 상담, 한국문예학술저작권협회, 한국출판인회의, 한국잡지협회 등 관련 협회나 단체에서 진행하는 상담을 활용할 수 있습니다. 인터넷에서 개인 간의 응답 형식으로 이루어지는 상담은 잘못된 정보나 법리 해석에 근거를 둔 경우가 많으므로 공신력 있는 기관을 통해 상담받는 것이 안전합니다.

● **한국저작권위원회 저작권 상담센터**
(www.copyright.or.kr/business/counsel/index.do)

1. 유형별 상담사례 서비스

최신 저작권 이슈가 반영된 상담사례들을 유형별로 정리하여 제공하며, 온라인상에서 24시간 언제든지 간편하게 태그(핵심 키워드) 검색을 통해 궁금증을 해결할 수 있습니다.

2. 전화상담

저작권 법률 및 제도 관련 문의에 대해 법률상담관이 직접 상담 진행
- 저작권 법률 및 제도 상담: 1800-5455
- 조정 신청 관련: 02-2669-0042
- 법정허락 신청 관련: 055-792-0087
- 저작권 등록 서류 보완 관련: 055-792-0264, 0266/02-2669-0024, 0026, 0030, 0048, 0049

3. 서신상담

저작권과 관련된 사안을 법률상담관이 검토하여 서신(공문 등)으로 답변합니다.

- [우:52852] 경상남도 진주시 충의로 19, 5층 한국저작권위원회 저작권상담팀

● **한국저작권보호원 저작권 보호상담**

kcopa.or.kr/lay1/program/S1T83C257/copyright/intro.do

4. 내방상담

법률상담관이 직접 대면하여 상담 진행

- 담당부서

  〈진주본원〉 [우:52852] 경상남도 진주시 소호로 117

  〈서울사무소〉 [우:04323] 서울특별시 용산구 후암로 107, 5층 종합민원센터

- 상담시간: 오전 9:00 ~ 오후 6:00 (점심시간 12:00~1:00)
- 상담예약: 회원가입 후 온라인 신청

  (예약하면 대기시간 없이 바로 상담 가능)

Q12 '무료 폰트'라고 해서 다운받았는데, 이걸로 기업 로고나 상품 패키지를 만들어 팔아도 되나요?

A 라이선스 조건을 반드시 확인해야 합니다. '무료'라고 해서 '상업적 이용'까지 허용하는 것은 아닙니다. 많은 무료 폰트가 개인적인 용도(예: 개인 블로그, 학교 과제)에 한해서만 무료이며, 상업적 이용(예: 상품 제작, 광고, 로고)을 위해서는 별도의 유료 라이선스를 구매하도록 요구합니다.

- **폰트 파일의 보호:** 폰트 자체는 저작권 보호 대상이 아니지만, 폰트 파일(프로그램 코드)은 컴퓨터 프로그램 저작물로 보호됩니다.

- **확인 방법:** 폰트 다운로드 페이지의 '라이선스(License)' 또는 '이용 약관(Terms of Use)'을 꼼꼼히 읽어 '비상업적 이용'만 허용되는지, '상업적 이용'까지 가능한지 명시된 부분을 확인해야 합니다. 위반 시 거액의 합의금이나 소송으로 이어질 수 있으니 각별한 주의가 필요합니다.

Q13 스톡 이미지 사이트에서 '로열티 프리(Royalty-Free)'라고 표시된 이미지를 구매했습니다. 이제 제 마다대로 써도 되는 건가요?

A '로열티 프리'는 '저작권이 없다(Copyright-Free)'는 뜻이 아닙니다. 이는 최초 1회 결제로 구매하면, 추가적인 로열티 지급 없이 허용된 범위 내에서 여러 번 사용할 수 있다는 의미입니다. 그러나 대부분의 로열티 프리 라이선스는 구매한 이미지를 그대로 재판매하거나 재배포하는 행위를 명시적으로 금지합니다. Unsplash, Pixabay 등 무료 스톡 이미지 사이트도 '재판매·재배포'를 명시적으로 금지합니다. 사용 전에 반드시 해당 사이트의 라이선스 규정을 확인하여 사용 목적이 허용 범위에 포함되는지 검토해야 합니다.

Q14 미리캔버스나 Canva 같은 디자인 플랫폼에서 만든 결과물은 모두 상업적으로 이용할 수 있나요? 출처 표기는 어떻게 해야 하나요?

A 대부분 상업적 이용이 가능하지만, 여기에도 지켜야 할 규칙이 있습니다. 이러한 플랫폼은 사용자가 라이선스 걱정 없이 창작할 수 있도록 돕지만, 그 자유에는 책임이 따릅니다.

- **상업적 이용:** 일반적으로 플랫폼 내에서 제공하는 템플릿, 이미지, 폰트 등을 조합하여 만든 '새로운 디자인'은 상업적으로 이용할 수 있습니다.

- **핵심 제한 사항:** 플랫폼이 제공하는 디자인 요소(사진, 일러스트 등)를 단독으로 다운로드하여 상품(굿즈, 스티커 등)으로 만들어 판매하는 행위는 대부분 금지됩니다. 이는 플랫폼이 보유한 요소의 저작권을 침해하는 행위이기 때문입니다. 반드시 나의 창작성이 가미된 '종합적인 디자인'의 일부로 사용해야 합니다.

- **출처 표기:** 대부분의 경우 출처 표기 의무는 없습니다. 하지만 일부 특정 요소(예: 특정 제휴사의 이미지)는 출처 표기를 요구할 수 있으니, 각 요소의 세부 정보를 확인하는 습관을 들이는 것이 좋습니다.

Q15 프리랜서 디자이너에게 의뢰한 로고의 저작권은 누구에게 있나요?

A 원칙적으로 저작권은 창작자(프리랜서 디자이너 등)에게 귀속됩니다. 의뢰인이 비용을 지불했더라도, 계약서에 권리 양도 조항이 없다면 저작권은 디자이너에게 있으며, 의뢰인은 단지 해당 로고를 사용할 수 있는 '사용권'만을 가집니다. 의뢰인이 저작권을 갖기 위해서는 계약서에 "로고 디자인 결과물의 저작권 일체는 의뢰인에게 귀속됨"과 같은 명확한 저작권 양도 조항을 포함해야 합니다. 또한, 2차적 저작물 작성 가능 여부, 재판매 가능 여부 등 구체적인 권리 범위를 명시하는 것이 중요합니다.

Q16 강의 자료로 만든 콘텐츠의 저작권은 강사에게 있나요, 회사에 있나요?

A 이는 고용계약 내용에 따라 달라질 수 있습니다. 소속 기관의 직원이 업무상 작성한 저작물은 '업무상 저작물'로 간주되어, 별도의 계약이나 근무 규칙에 다른 규정이 없는 한 회사에 저작권이 귀속될 수 있습니다. 외부 강사 계약 시에는 "저작권은 강사에게 귀속됨" 또는 "업무상 저작물로 기관에 귀속" 여부를 명확히 규정해야 합니다.

Q17 강사 본인의 강의 영상이 수강생에 의해 녹화·공유되는 경우 법적으로 대응할 수 있나요?

A 이는 강사의 저작권 및 퍼블리시티권(초상권) 침해에 해당합니다. 강의 시작 전 녹화 금지 고지, 수강생 서약서 활용, 위반 시 법적 책임 고지 및 민형사 대응이 가능합니다. 학생의 얼굴, 이름, 발언 등이 포함되면 학생의 초상권 및 개인정보 보호법 위반 소지가 있으므로, 사전 서면 동의서 확보나 모자이크 및 이름 삭제 등의 조치가 필요합니다.

Q18 슬로건이나 자막 문구에 상표권이나 저작권이 걸릴 수도 있나요?

A 짧은 문구나 제목은 일반적으로 저작권 보호 대상이 아니지만, 특정한 조합이나 유명한 광고 문구, 브랜드 문장은 상표권 또는 부정경쟁방지법에 의해 보호받을 수 있습니다. 특히 대중에게 널리 알려진 시 제목이나 캐릭터 명칭, 슬로건 등을 허락 없이 이용하면 '혼동 초래 행위'로 부정경쟁방지법에 위배될 수 있습니다.

- **피하는 방법:** 사용하려는 문구가 타 브랜드의 마케팅 슬로건, 책 제목, 캠페인 문구 등으로 널리 알려져 있는지 확인해야 합니다. 특허정보넷 키프리스(KIPRIS)에서 상표 등록 여부를 조회하는 것이 좋습니다. 유사 문구라도 패러디하거나 변형된 창작물로 구성하면 일부 회피 가능합니다.

Q19 디자인 작업 시 인터넷에서 참고한 로고를 변형해서 쓰면 문제가 되나요?

A 문제가 됩니다. 로고는 대부분 상표권 + 디자인권 + 저작권으로 보호되며, 변형된 형태라도 원본과 실질적으로 유사하면 침해가 됩니다. 특히 출처나 모티브가 명확한 로고는 미묘한 변형으로는 법적 분쟁을 피하기 어렵습니다.

- **피하는 방법:** 참고 이미지를 그대로 베끼지 말고, 컨셉만 참고하여 완전히 새로운 형태로 재구성해야 합니다. 로고 제작 시 저작권 프리 아이콘 + 독창적 텍스트 조합을 권장합니다. AI로 생성한 로고도 원본 이미지가 유사하면 분쟁 소지가 있습니다.

Q20 무단 도용당한 내 디자인을 어떻게 증명해야 하나요?

A 자신이 저작자임을 증명하기 위해서는 디자인의 창작 시점, 창작 과정, 원본 파일 등의 증거를 확보해야 합니다. 포트폴리오, 저장 시점 메타데이터, 클라우드 업로드 기록, 작업기록 영상 등이 중요한 증거가 됩니다.

- **피하는 방법:** 디자인 완료 즉시 한국저작권위원회 또는 문서 공증기관에 저작권 등록을 하는 것이 가장 좋습니다. 작업 원본(AI, PSD, Figma 등) 파일, 작성 순서, 브레인스토밍 기록 등을 보관해야 합니다. 침해 의심 발견 시, 증거 보존 요청(메일 캡처, Wayback Machine) 등을 통해 사용 시점 기록을 남겨야 합니다.

Q21 클라이언트 요청으로 참고 이미지를 기반으로 작업했을 때 책임은 누구에게 있나요?

A 기본적으로는 제작자가 책임을 집니다. 의뢰인이 참고 이미지를 제공했더라도, 제작자가 이를 그대로 모방하거나 저작권 침해가 되도록 활용했다면 법적 책임은 제작자에게 있습니다. "클라이언트가 시켰다"는 항변은 민형사상 책임 면책 사유가 아닙니다.

- **피하는 방법:** 작업 전, 클라이언트가 준 이미지가 상업적 사용 허용 범위인지 확인 요청을 해야 합니다. "의뢰인의 요청에 따라 작업된 부분에 대한 법적 책임은 전적으로 의뢰인에게 있다"라는 면책 조항을 계약서에 삽입하는 것을 고려해야 합니다. 직접 디자인하거나 유료 스톡 콘텐츠 이용을 권장합니다.

Q22 출처를 밝히고 사용하면 무조건 합법적인가요?

A 출처를 밝혀도 저작권 침해는 면책되지 않습니다. 출처 표시는 인용 요건 중 하나일 뿐, 저작물을 복제, 배포, 전시, 전송하는 등의 행위를 정당화하는 이용 허락을 의미하지 않습니다. 저작권은 창작자에게 배타적인 권리를 부여하므로, 타인의 저작물을 이용하려면 원칙적으로 저작권자의 명시적인 서면 허락을 받아야 합니다.

- **피하는 방법:** 출처를 명시하되, 비평·해설 등 목적이 명확하고 비중이 전체 콘텐츠의 보조적 역할일 것을 권장합니다. 가능하면 CCL 라이선스 콘텐츠, 퍼블릭 도메인, KOGL 공공저작물 등을 사용하는 것이 좋습니다. 영리 목적 콘텐츠일수록 원저작자 허락 없이 사용하지 말아야 합니다.

Q23 저작권 침해 경고를 받았을 때 어떻게 대응해야 하나요?

A 신속하고 신중한 대응이 필요합니다.

- **즉시 조치사항:** 해당 콘텐츠 즉시 삭제 또는 비공개 처리, 침해 사실 관계를 정확히 파악, 사용 경위와 라이선스 상황 검토, 증거 자료 보전.

- **대응 방법:** 침해가 명확한 경우 사과 후 합의 모색, 공정이용에 해당한다고 판단되는 경우 법적 근거 제시, 애매한 경우 전문가 상담 후 결정.

- **협상 요령:** 성실한 태도로 소통, 손해액 산정의 합리성 검토, 재발 방지 대책 제시.

Q24 해외 사이트의 콘텐츠는 한국 저작권법과 다른가요?

A 국제적으로 저작권 보호는 상호 인정됩니다. 베른협약에 따라 국가 간 저작권 상호 보호가 이루어지며, WTO 가맹국이라면 전 세계 어디에서든 저작물은 보호받습니다.

- **주의사항:** 미국의 Fair Use와 한국의 공정이용은 범위가 다를 수 있으며, 일본은 AI 학습에 매우 관대한 입장이고, 유럽은 개인정보보호가 더 엄격할 수 있습니다.

- **실무 대응:** 글로벌 서비스 시 가장 엄격한 기준을 적용하고, 지역별 법률 전문가 자문을 구하거나 국제 저작권 분쟁 시 중재 제도 활용을 고려하는 것이 좋습니다.

Q25 음악 저작물에서 '복제권', '배포권', '대여권', '전송권'은 무엇인가요?

A
- 복제권은 저작물을 복제할 권리.
- 배포권은 저작물을 대중에게 배포할 권리.
- 대여권은 책을 빌려줄 권리.
- 전송권은 책이나 콘텐츠를 온라인으로 전송하거나 판매할 권리.

음악 출판사나 음반 제작자는 제작 과정에서 복제권, 배포권을 가지지만, 대여권과 전송권을 가지려면 저작권자와 따로 계약해야 합니다.

Q26 SNS에서 사용하는 폰트(글꼴)에도 저작권이 있나요?

A 폰트(글꼴) 자체는 저작권 보호 대상이 아니지만, 폰트 파일은 컴퓨터프로그램저작물로서 저작권법의 보호를 받습니다[135]. 따라서 폰트 파일의 이용 방식에 따라 저작권 문제가 발생할 수 있습니다.

폰트와 폰트 파일의 구분은 다음과 같습니다. 폰트(서체 도안) 자체는 문자 디자인으로서 산업적 활용을 위한 것이므로 저작권 보호 대상이 아니라는 것이 대법원 판례의 입장입니다. 반면, 폰트 파일(TTF, OTF 등)은 폰트를 화면에 표시하거나 인쇄하기 위한 프로그램이므로 컴퓨터프로그램저작물로 보호받습니다.

SNS에서의 폰트 이용은 다음과 같습니다. 일반적으로 SNS 플랫폼에서 기본적으로 제공하는 폰트를 사용하는 것은 문제가 되지 않습니다. 플랫폼이 해당 폰트 파일에 대한 적법한 라이선스를 확보했기 때문입니다.

문제가 되는 경우는 다음과 같습니다. 별도의 폰트 파일을 다운로드하여 이미지 제작 등에 사용하고 이를 SNS에 게시하는 경우, 해당 폰트 파일의 라이선스 조건을 확인해야 합니다. 많은 폰트 파일이 개인적, 비상업적 용도로만 무료로 제공되며, 상업적 이용 시에는 별도의 라이선스 구매가 필요합니다.

실무적 주의사항은 다음과 같습니다. 폰트 파일 다운로드 시 라이선스 조건을 반드시 확인하고, 상업적 목적의 게시물에는 상업적 이용이 허용된 폰트를 사용하며, 필요시 유료 폰트를 구매하여 사용하는 것이 안전합니다.

실무 TIP: 폰트 파일 사용 시에는 라이선스 범위를 반드시 확인하고, 특히 상업적 이용에 주의하세요.

※ 관련 법조문: 저작권법 제4조 제1항 제9호
※ 출처: [135] 폰트 저작권 판례 분석 (2024)

Q27 SNS에 올린 맛집 후기나 여행 후기도 저작권이 있나요?

A 네, SNS에 올린 맛집 후기나 여행 후기도 창작성이 인정된다면 저작권법의 보호를 받는 어문저작물에 해당할 수 있습니다[136].

후기 게시물의 저작물성 판단 기준은 다음과 같습니다. 첫째, 창작성입니다. 단순한 사실의 나열이 아니라, 글쓴이의 경험과 감정이 독창적인 표현으로 서술되었다면 창작성이 인정될 수 있습니다. 둘째, 표현의 구체성입니다. 막연한 느낌이 아닌 구체적인 문장으로 작성되어야 합니다.

보호받는 부분과 받지 못하는 부분은 다음과 같습니다. 맛집의 위치, 메뉴, 가격 등과 같은 단순 정보는 저작권 보호 대상이 아닙니다. 하지만 다식의 맛에 대한 독창적인 묘사, 여행지의 풍경에 대한 감성적인 서술 등은 보호받을 수 있습니다.

무단 도용 시 법적 문제는 다음과 같습니다. 다른 사람의 후기 게시물을 그대로 복사하여 자신의 게시물인 것처럼 올리는 것은 복제권 및 성명표시권 침해에 해당합니다. 또한 내용을 일부 수정하더라도 핵심적인 표현과 구조를 그대로 사용했다면 2차적저작물 작성권 침해에 해당할 수 있습니다.

실무적으로는 다른 사람의 후기를 참고할 수는 있지만, 직접 경험한 내용을 바탕으로 자신만의 언어로 작성해야 합니다. 다른 사람의 글을 인용할 경우에는 출처를 명확히 밝히고 정당한 범위 내에서만 사용해야 합니다.

실무 TIP: 자신만의 경험과 감정을 담아 작성한 후기는 소중한 저작물입니다.

※ 관련 법조문: 저작권법 제2조 제1호
※ 출처: [136] 온라인 게시물 저작권 (2024)

Q28 사망한 사람의 SNS 게시물을 사용해도 되나요?

A 사망한 사람의 SNS 게시물도 저작권 보호 기간 동안에는 저작권법의 보호를 받으므로, 상속인의 허락 없이 무단으로 사용하는 것은 저작권 침해에 해당할 수 있습니다[139].

사후 저작권 보호 기간은 다음과 같습니다. 저작권법 제39조에 따라 저작권은 저작자가 사망한 후 70년간 존속합니다. 이 기간 동안 저작재산권은 상속인에게 상속됩니다.

저작권 상속인의 권리는 다음과 같습니다. 상속인은 피상속인(사망한 저작자)의 저작재산권을 승계하여 복제, 공중송신, 배포 등의 권리를 행사할 수 있습니다. 따라서 사망한 사람의 게시물을 이용하려면 상속인의 허락을 받아야 합니다.

사후 저작인격권 보호는 다음과 같습니다. 저작인격권은 양도나 상속이 불가능하지만, 저작권법 제14조 제2항에 따라 저작자 사후에도 그의 명예를 훼손하는 방식으로 저작물을 이용해서는 안 됩니다. 이는 상속인이 아닌 유족 등이 권리를 행사할 수 있습니다.

실무적 고려사항은 다음과 같습니다. 사망한 사람의 게시물 이용 시에는 상속인을 찾아 허락을 받아야 하며, 상속인이 불분명한 경우에는 이용을 자제하는 것이 안전합니다. 또한 고인의 명예를 훼손하지 않도록 신중하게 사용해야 합니다.

실무 TIP: 사망한 사람의 저작물 이용 시에는 상속인의 허락과 고인에 대한 존중이 모두 필요합니다.

※ 관련 법조문: 저작권법 제14조 제2항, 제39조, 제45조
※ 출처: [139] 저작권 상속 (2024)

Q29 내 SNS 게시물이 무단으로 도용당했을 때 어떻게 대응해야 하나요?

A SNS 게시물이 무단으로 도용당했을 때는 단계적이고 체계적인 대응을 통해 권리를 보호해야 합니다[141]. 신속한 대응이 피해 확산을 막는 데 중요합니다.

즉시 대응 조치는 다음과 같습니다. 첫째, 증거 수집입니다. 도용된 게시물의 스크린샷을 찍고, URL을 기록하며, 게시 일시를 확인합니다. 둘째, 원본 게시물의 증거를 확보합니다. 자신이 먼저 게시했다는 것을 증명할 수 있는 자료를 준비합니다.

플랫폼 신고 절차는 다음과 같습니다. 대부분의 SNS 플랫폼은 저작권 침해 신고 시스템을 운영하고 있습니다. 플랫폼의 신고 양식에 따라 침해 사실을 신고하면, 플랫폼이 해당 게시물을 삭제하거나 계정을 제재할 수 있습니다.

직접 연락 방법은 다음과 같습니다. 도용자에게 직접 연락하여 삭제를 요구할 수 있습니다. 이때는 감정적으로 대응하지 말고, 저작권 침해 사실을 명확히 지적하며 삭제를 요구하는 것이 좋습니다.

법적 대응 방안은 다음과 같습니다. 플랫폼 신고나 직접 연락으로 해결되지 않는 경우, 내용증명 발송, 민사소송, 형사고발 등의 법적 절차를 고려할 수 있습니다. 특히 상업적 목적의 도용이나 반복적인 침해의 경우 강력한 대응이 필요합니다.

실무 TIP: 도용 발견 즉시 증거를 수집하고, 플랫폼 신고와 직접 연락을 병행하세요.

※ 관련 법조문: 저작권법 제124조, 제136조
※ 출처: [141] SNS 저작권 침해 대응 매뉴얼 (2024)

Q30 SNS에서 저작권 침해 신고를 받으면 어떻게 대응해야 하나요?

A SNS에서 저작권 침해 신고를 받으면 신속하고 성실하게 대응하여 오해를 해소하거나 적절한 조치를 취해야 합니다[142]. 무시하거나 방치하면 더 큰 문제로 발전할 수 있습니다.

신고 내용 검토는 다음과 같습니다. 첫째, 신고 사실의 정확성을 확인합니다. 정말로 타인의 저작물을 무단으로 사용했는지 점검합니다. 둘째, 이용 권한을 확인합니다. 적법한 이용 권한이나 라이선스가 있는지 확인합니다.

정당한 신고인 경우의 대응은 다음과 같습니다. 해당 게시물을 즉시 삭제하고, 신고자에게 사과와 함께 삭제 완료를 통지하며, 향후 재발 방지를 위한 조치를 취합니다. 필요시 손해배상에 대해 협의할 수도 있습니다.

부당한 신고인 경우의 대응은 다음과 같습니다. 자신의 창작물이거나 적법한 이용 권한이 있다는 증거를 제시하고, 플랫폼에 이의제기를 하며, 필요시 법적 조치를 검토합니다. 악의적인 허위 신고의 경우 오히려 손해배상을 청구할 수 있습니다.

예방 조치는 다음과 같습니다. 향후 유사한 문제를 방지하기 위해 저작권 관련 정책을 수립하고, 직원이나 팀원에게 저작권 교육을 실시하며, 콘텐츠 사용 전 권리 관계를 확인하는 절차를 마련해야 합니다.

실무 TIP: 저작권 침해 신고를 받으면 감정적으로 대응하지 말고 사실관계를 냉정히 파악하세요.

※ 관련 법조문: 저작권법 제102조, 제103조
※ 출처: [142] 저작권 침해 신고 대응 가이드 (2024)

Q31 SNS에서 가짜 계정이 내 콘텐츠를 도용하고 있어요. 어떻게 해야 하나요?

A 가짜 계정의 콘텐츠 도용은 저작권 침해뿐만 아니라 사칭, 명예훼손 등의 문제도 함께 발생할 수 있으므로 종합적인 대응이 필요합니다[143].

● 가짜 계정 도용의 법적 문제

첫째, 저작권 침해입니다. 타인의 콘텐츠를 무단으로 복제하고 게시하는 행위입니다. 둘째, 사칭입니다. 타인의 정체성을 도용하여 활동하는 행위로 형법상 사기죄에 해당할 수 있습니다. 셋째, 명예훼손입니다. 가짜 계정을 통해 허위 정보를 유포하거나 명예를 훼손하는 경우입니다.

● 플랫폼별 대응 방법

대부분의 SNS 플랫폼은 가짜 계정 신고 시스템을 운영하고 있습니다. 인스타그램의 경우 '사칭 계정 신고', 페이스북의 경우 '가짜 계정 신고' 기능을 제공합니다. 신고 시에는 본인 확인 자료와 함께 가짜 계정의 증거를 제출해야 합니다.

● 법적 대응 방안

플랫폼 신고로 해결되지 않는 경우, 경찰서에 사기죄나 명예훼손죄로 고발할 수 있습니다. 또한 민사상 손해배상 청구도 가능합니다. 특히 상업적 피해가 발생한 경우에는 적극적인 법적 대응이 필요합니다.

● 예방 조치

본인 인증을 통해 공식 계정임을 표시하고, 정기적으로 자신의 이름이나 브랜드명으로 검색하여 가짜 계정을 모니터링하며, 팔로워들에게 공식 계정 정보를 안내하는 것이 중요합니다. 또한, 가짜 계정 발견 시에는 즉시 플랫폼 신고와 함께 법적 대응도 고려해야 합니다.

※ 관련 법조문: 형법 제347조, 제307조, 저작권법 제136조
※ 출처: [143] 가짜 계정 대응 방안 (2024)

Q32 SNS에서 내 사진을 무단으로 사용한 광고를 발견했어요. 어떻게 대응해야 하나요?

A 자신의 사진이 무단으로 광고에 사용된 경우, 저작권 침해와 초상권 침해가 동시에 발생한 것이므로 강력한 법적 대응이 필요합니다[144].

● 무단 광고 사용의 법적 문제

첫째, 저작권 침해입니다. 사진의 저작권자(촬영자 또는 피사체)의 허락 없이 상업적으로 이용한 것입니다. 둘째, 초상권 침해입니다. 본인의 얼굴이나 모습을 허락 없이 광고에 사용한 것입니다. 셋째, 퍼블리시티권 침해입니다. 이는 개인의 상업적 가치를 무단으로 이용한 것입니다.

● 즉시 대응 조치

광고의 스크린샷을 찍고 URL을 기록하여 증거를 수집하고, 플랫폼에 저작권 및 초상권 침해로 신고하며, 광고주에게 직접 연락하여 즉시 중단을 요구합니다.

● 즉손해배상 청구

무단 광고 사용으로 인한 정신적 피해와 재산적 피해에 대해 손해배상을 청구할 수 있습니다. 특히 상업적 이용의 경우 상당한 배상금을 받을 수 있습니다. 저작권법 제125조에 따라 300만원 이하의 손해배상을 청구할 수도 있습니다.

● 형사 고발

저작권법 제136조에 따라 5년 이하의 징역 또는 5천만원 이하의 벌금에 처할 수 있으며, 초상권 침해의 경우 민법상 불법행위로 손해배상 책임을 집니다.

예방 방법은 자신의 사진에 워터마크를 넣거나, 정기적으로 역이미지 검색을 통해 무단 사용을 모니터링하는 것입니다. 무단 광고 사용은 심각한 권리 침해이므로 즉시 강력한 법적 대응을 해야합니다.

※ 관련 법조문: 저작권법 제102조, 제103조
※ 출처: [144] 저작권 침해 신고 대응 가이드 (2024)

Q33 SNS에서 저작권 침해를 당했을 때 변호사 없이도 대응할 수 있나요?

A 네, SNS에서의 저작권 침해에 대해서는 변호사 없이도 상당 부분 대응할 수 있습니다[146]. 다만, 사안의 복잡성과 피해 규모에 따라 전문가의 도움이 필요할 수 있습니다.

개인이 할 수 있는 대응은 다음과 같습니다. 첫째, 플랫폼 신고입니다. 대부분의 SNS 플랫폼은 사용자 친화적인 저작권 침해 신고 시스템을 제공하므로, 복잡한 법적 지식 없이도 신고할 수 있습니다. 둘째, 직접 연락입니다. 침해자에게 직접 연락하여 삭제를 요구하는 것도 효과적인 방법입니다.

내용증명 발송도 개인이 할 수 있습니다. 우체국에서 제공하는 내용증명 서비스를 이용하여 침해 중단과 손해배상을 요구하는 통지서를 발송할 수 있습니다. 이는 법적 효력이 있으며, 향후 소송에서 중요한 증거가 됩니다.

소액사건심판 활용도 가능합니다. 손해액이 3천만원 이하인 경우 소액사건심판을 통해 변호사 없이도 소송을 진행할 수 있습니다. 절차가 간소하고 비용이 저렴하여 개인이 이용하기에 적합합니다.

전문가 도움이 필요한 경우는 다음과 같습니다. 침해 규모가 크거나 반복적인 경우, 상대방이 법인이거나 변호사를 선임한 경우, 손해액이 큰 경우, 법적 쟁점이 복잡한 경우에는 변호사의 도움을 받는 것이 바람직합니다.

무료 법률 상담 서비스도 활용할 수 있습니다. 대한변호사협회, 법무부, 각 지방자치단체에서 제공하는 무료 법률 상담을 통해 전문적인 조언을 받을 수 있습니다.

※ 관련 법조문: 소액사건심판법
※ 출처: [146] 개인의 저작권 보호 방법 (2024)

Q34 SNS에서 내 콘텐츠를 패러디한 것도 저작권 침해인가요?

A 패러디가 저작권 침해에 해당하는지는 원저작물의 이용 정도, 패러디의 목적, 원저작물에 미치는 영향 등을 종합적으로 고려하여 판단해야 합니다[148]. 우리나라는 패러디에 대한 명시적인 예외 규정이 없어 신중한 접근이 필요합니다.

패러디의 법적 성격은 다음과 같습니다. 패러디는 원저작물을 모방하되 비판이나 풍자의 목적으로 변형하는 것으로, 2차적저작물 작성에 해당할 수 있습니다. 원칙적으로는 원저작자의 허락이 필요하지만, 공정이용으로 인정될 여지도 있습니다.

공정이용 판단 기준은 다음과 같습니다. 저작권법 제28조에 따라 다음 요소들을 고려합니다.
첫째, 이용의 목적과 성격입니다. 비영리적, 비평적 목적일수록 공정이용으로 인정될 가능성이 높습니다.
둘째, 저작물의 성질입니다. 사실적 저작물보다 창작적 저작물의 패러디가 더 문제가 될 수 있습니다.
셋째, 이용된 부분의 양과 실질성입니다. 원저작물의 핵심 부분을 과도하게 이용했다면 침해 가능성이 높습니다.
넷째, 저작물의 현재 시장 또는 가치에 미치는 영향입니다. 원저작물의 시장을 대체하거나 가치를 훼손한다면 침해로 인정될 수 있습니다.

허용 가능한 패러디의 조건은 다음과 같습니다. 원저작물에 대한 비판이나 논평의 목적이 명확해야 하고, 원저작물의 핵심을 그대로 사용하지 않고 변형해야 하며, 상업적 목적이 아닌 표현의 자유 차원에서 이루어져야 하고, 원저작자의 명예를 훼손하지 않아야 합니다.

실무적으로는 패러디 제작 시 원저작물에 대한 명확한 출처 표시를 하고, 과도한 이용을 피하며, 가능하면 원저작자의 양해를 구하는 것이 안전합니다.

패러디는 표현의 자유와 저작권 보호의 경계선에 있으므로 신중하게 접근해야 합니다.

※ 관련 법조문: 저작권법 제5조, 제28조
※ 출처: [148] 패러디와 저작권 (2024)

Q35 SNS에서 저작권 침해를 당했을 때 정신적 피해에 대한 위자료도 받을 수 있나요?

A 네, SNS에서 저작권 침해를 당한 경우 재산적 손해뿐만 아니라 정신적 피해에 대한 위자료도 청구할 수 있습니다[151]. 특히 저작인격권 침해가 있는 경우 위자료 인정 가능성이 높습니다.

위자료 청구의 법적 근거는 다음과 같습니다. 민법 제751조에 따라 타인의 신체, 자유 또는 명예를 해하거나 기타 정신상 고통을 가한 자는 재산 이외의 손해에 대하여도 배상할 책임이 있습니다. 저작권 침해도 이에 해당할 수 있습니다.

저작인격권 침해와 위자료는 다음과 같습니다. 성명표시권 침해(저작자명을 삭제하거나 변경), 동일성유지권 침해(저작물을 임의로 변경), 공표권 침해(미공표 저작물을 무단 공표) 등이 있는 경우 정신적 피해가 크므로 위자료가 인정될 가능성이 높습니다.

위자료 산정 기준은 다음과 같습니다. 침해의 정도와 양상, 침해자의 고의나 과실 정도, 저작물의 성격과 가치, 저작자의 사회적 지위와 명성, 침해로 인한 정신적 고통의 정도 등을 종합적으로 고려하여 결정됩니다.

실무상 위자료 인정 사례는 다음과 같습니다. 상업적 목적의 무단 이용, 저작자명 삭제나 변경, 저작물의 왜곡이나 변형, 반복적이고 악의적인 침해 등의 경우 위자료가 인정되는 경우가 많습니다. 금액은 사안에 따라 수십만원에서 수백만원까지 다양합니다.

위자료 청구 시 주의사항은 다음과 같습니다. 정신적 피해의 구체적인 내용과 정도를 소명해야 하고, 침해 행위와 정신적 피해 간의 인과관계를 입증해야 하며, 과도한 위자료 청구는 오히려 역효과를 낼 수 있으므로 적정한 수준에서 청구하는 것이 바람직합니다.

※ 관련 법조문: 민법 제751조, 저작권법 제124조
※ 출처: [151] 저작권 침해와 위자료 (2024)

Q36 SNS에서 저작권 침해 분쟁이 발생했을 때 조정이나 중재를 이용할 수 있나요?

A 네, SNS에서의 저작권 침해 분쟁도 조정이나 중재를 통해 해결할 수 있으며, 이는 소송보다 신속하고 경제적인 해결 방안이 될 수 있습니다[153].

조정 제도의 활용은 다음과 같습니다. 법원의 민사조정이나 저작권위원회의 조정 제도를 이용할 수 있습니다. 조정은 중립적인 조정위원이 당사자 간의 합의를 도출하도록 돕는 제도로, 양 당사자가 동의하면 조정 절차를 진행할 수 있습니다.

저작권위원회 조정의 특징은 다음과 같습니다. 저작권 전문가들이 조정위원으로 참여하므로 전문성이 높고, 비용이 저렴하며, 절차가 간소합니다. 또한 조정이 성립하면 재판상 화해와 동일한 효력을 갖습니다.

중재 제도의 활용도 가능합니다. 대한상사중재원 등의 중재기관을 통해 분쟁을 해결할 수 있습니다. 중재는 당사자들이 선택한 중재인이 최종적인 판정을 내리는 제도로, 중재 판정은 법원 판결과 동일한 효력을 갖습니다.

온라인 분쟁 해결(ODR)도 고려할 수 있습니다. 인터넷상의 분쟁 특성을 고려하여 온라인으로 조정이나 중재를 진행하는 제도입니다. 시간과 비용을 절약할 수 있고, 국경을 넘나드는 분쟁에도 효과적입니다.

대안적 분쟁 해결의 장점은 다음과 같습니다. 소송에 비해 시간과 비용이 절약되고, 비공개로 진행되어 당사자의 프라이버시가 보호되며, 전문가의 도움을 받을 수 있고, 당사자 간의 관계를 유지하면서 해결할 수 있습니다.

※ 관련 법조문: 민사조정법, 중재법, 저작권법 제112조의2
※ 출처: [153] 저작권 분쟁 해결 방안 (2024)

Q37 SNS에서 저작권 침해를 예방하기 위한 기술적 조치에는 어떤 것들이 있나요?

A SNS에서 저작권 침해를 예방하기 위한 다양한 기술적 조치들이 개발되어 활용되고 있으며, 이러한 조치들은 침해를 사전에 차단하거나 신속하게 대응하는 데 도움이 됩니다[154].

콘텐츠 식별 기술은 다음과 같습니다. 디지털 핑거프린팅 기술을 통해 각 콘텐츠의 고유한 특징을 추출하여 데이터베이스에 저장하고, 새로 업로드되는 콘텐츠와 비교하여 유사성을 판단합니다. 유튜브의 Content ID, 페이스북의 Rights Manager 등이 대표적인 예입니다.

워터마킹 기술도 효과적입니다. 보이는 워터마크는 저작권자 정보를 시각적으로 표시하여 무단 이용을 억제하고, 보이지 않는 워터마크는 콘텐츠에 저작권 정보를 숨겨 넣어 추후 권리 주장의 근거로 활용할 수 있습니다.

자동 모니터링 시스템은 다음과 같습니다. AI 기반의 이미지 인식 기술을 활용하여 인터넷상에서 자신의 콘텐츠가 무단으로 사용되는지 실시간으로 모니터링할 수 있습니다. 구글의 역이미지 검색, TinEye 등의 서비스를 활용할 수 있습니다.

블록체인 기술의 활용도 주목받고 있습니다. 블록체인에 저작물의 생성 시점과 저작권자 정보를 기록하여 위변조가 불가능한 저작권 증명서를 만들 수 있습니다. 이는 저작권 분쟁 시 강력한 증거가 될 수 있습니다.

DRM(Digital Rights Management) 기술은 디지털 콘텐츠의 무단 복제나 배포를 기술적으로 차단하는 기술입니다. 다만, 사용자 편의성과의 균형을 고려해야 합니다.

개인 창작자도 활용할 수 있는 방안은 다음과 같습니다. 무료 워터마킹 도구를 사용하여 자신의 콘텐츠에 저작권 표시를 하고, 구글 알림 서비스를 설정하여 자신의 이름이나 작품명이 언급되는 것을 모니터링하며, 저작권 보호 서비스를 이용하여 전문적인 모니터링을 받을 수 있습니다.

기술적 조치는 예방과 대응을 모두 고려하여 다층적으로 구축하는 것이 효과적입니다.

※ 관련 법조문: 저작권법 제104조의2
※ 출처: [154] 저작권 보호 기술 동향 (2024)

Q38 SNS에서 저작권 침해 대응을 위한 법적 비용은 어느 정도인가요?

A SNS에서의 저작권 침해 대응에 소요되는 법적 비용은 사안의 복잡성, 대응 방법, 전문가 활용 여부 등에 따라 크게 달라집니다[156].

플랫폼 신고 비용은 대부분 무료입니다. SNS 플랫폼들이 제공하는 저작권 침해 신고 시스템은 무료로 이용할 수 있으며, 이는 가장 경제적인 1차 대응 방안입니다.

내용증명 발송 비용은 우체국 내용증명 서비스는 1통당 약 1만원 내외의 비용이 들며, 변호사를 통해 발송하는 경우 10-30만원 정도의 비용이 소요됩니다.

민사소송 비용은 다음과 같습니다. 인지대는 소송 가액에 따라 결정되며, 1천만원 소송의 경우 약 5만원입니다. 송달료는 약 10만원 내외이고, 변호사 비용은 사안에 따라 수백만원에서 수천만원까지 다양합니다.

소액사건심판 비용은 상대적으로 저렴합니다. 3천만원 이하의 사건에 대해 간소한 절차로 진행되며, 변호사 없이도 본인이 직접 소송을 수행할 수 있어 비용을 절약할 수 있습니다.

조정이나 중재 비용은 다음과 같습니다. 저작권위원회 조정은 무료이며, 법원 조정도 인지대만 납부하면 됩니다. 상사중재원 중재의 경우 분쟁 금액에 따라 수십만원에서 수백만원의 비용이 소요됩니다.

승소 시 비용 회수 가능성도 고려해야 합니다. 소송에서 승소하면 상대방으로부터 소송비용을 회수할 수 있으며, 변호사 비용의 일부도 손해배상에 포함될 수 있습니다.

※ 관련 법조문: 민사소송법, 민사소송비용법
※ 출처: [156] 저작권 소송 비용 분석 (2024)

Q39 SNS에서 저작권 침해 예방을 위한 교육이나 가이드라인은 어디서 구할 수 있나요?

A SNS에서의 저작권 침해 예방을 위한 다양한 교육 자료와 가이드라인이 정부 기관, 민간 단체, 플랫폼 등에서 제공되고 있습니다[157].

정부 기관의 자료는 다음과 같습니다. 문화체육관광부와 한국저작권위원회에서 저작권 교육 자료, 가이드라인, 온라인 강의 등을 무료로 제공하고 있습니다. 특히 한국저작권위원회의 '저작권 교육 포털'에서는 체계적인 온라인 교육을 받을 수 있습니다.

민간 단체의 활동도 활발합니다. 한국저작권보호원, 소프트웨어정책연구소, 각종 창작자 단체 등에서 저작권 보호를 위한 교육과 캠페인을 진행하고 있습니다.

플랫폼별 가이드라인은 다음과 같습니다. 유튜브, 인스타그램, 페이스북, 틱톡 등 주요 SNS 플랫폼들이 각각 저작권 정책과 가이드라인을 제공하고 있습니다. 이는 해당 플랫폼의 특성에 맞는 구체적인 지침을 담고 있어 실무에 도움이 됩니다.

학계의 연구 자료도 참고할 수 있습니다. 각 대학의 법학과, 언론정보학과 등에서 SNS와 저작권에 관한 연구 논문과 보고서를 발표하고 있으며, 이는 이론적 배경을 이해하는 데 도움이 됩니다.

국제기구의 자료도 유용합니다. WIPO(세계지식재산권기구), UNESCO 등에서 디지털 시대의 저작권 보호에 관한 가이드라인과 모범 사례를 제공하고 있습니다.

실무 교육 프로그램으로는 변호사회, 지식재산권 관련 단체에서 주최

하는 세미나나 워크숍에 참여할 수 있으며, 온라인 강의 플랫폼에서도 저작권 관련 강의를 수강할 수 있습니다.

정기적인 교육을 통해 변화하는 저작권 환경에 대응하는 역량을 기르는 것이 좋습니다.

※ 관련 법조문: 저작권법 제119조
※ 출처: [157] 저작권 교육 자료 현황 (2024)

Q40 SNS에서 저작권 침해 방지를 위한 기업의 내부 정책은 어떻게 수립해야 하나요?

A 기업이 SNS를 활용하면서 저작권 침해를 방지하기 위해서는 체계적이고 실효성 있는 내부 정책을 수립하고 운영해야 합니다[158].

저작권 정책의 기본 원칙은 다음과 같습니다. 첫째, 예방 중심입니다. 침해가 발생한 후 대응하는 것보다 사전에 예방하는 것이 효과적입니다. 둘째, 명확성입니다. 직원들이 쉽게 이해하고 따를 수 있도록 구체적이고 명확한 기준을 제시해야 합니다. 셋째, 지속성입니다. 일회성이 아닌 지속적인 관리와 개선이 필요합니다.

정책 수립 절차는 다음과 같습니다. 현재 SNS 이용 현황을 파악하고, 잠재적 위험 요소를 식별하며, 관련 법령과 판례를 검토하고, 업계 모범 사례를 참고하여 자사에 맞는 정책을 수립합니다.

정책 내용에 포함되어야 할 사항은 다음과 같습니다. 저작권 기본 원칙과 회사의 입장, SNS 콘텐츠 제작 시 준수 사항, 타인의 저작물 이용 시 절차, 침해 신고 접수 시 대응 절차, 교육 및 훈련 계획, 위반 시 제재 조치 등입니다.

조직 체계 구축도 중요합니다. 저작권 담당자나 팀을 지정하고, 각 부서별 책임자를 두며, 법무팀과의 협력 체계를 구축하고, 외부 전문가와의 네트워크를 형성해야 합니다.

교육 및 훈련 프로그램은 다음과 같습니다. 신입사원 대상 기본 교육, 기존 직원 대상 정기 교육, SNS 담당자 대상 심화 교육, 최신 동향 공유를 위한 세미나 등을 운영해야 합니다.

모니터링 및 평가 체계는 정책의 실효성을 확보하기 위해 정기적인 점검과 평가를 실시하고, 문제점을 파악하여 개선하며, 성과를 측정하고 보고하는 시스템을 구축해야 합니다.

저작권 정책은 형식적인 문서가 아닌 실제로 작동하는 시스템이 되어야 합니다.

※ 관련 법조문: 저작권법, 개인정보보호법
※ 출처: [158] 기업 저작권 정책 수립 가이드 (2024)

Q41 SNS에서 저작권 침해 분쟁의 해결 기간은 보통 얼마나 걸리나요?

A SNS에서의 저작권 침해 분쟁 해결 기간은 대응 방법과 사안의 복잡성에 따라 크게 달라지며, 단계별로 다른 소요 시간을 갖습니다[159].

플랫폼 신고를 통한 해결은 가장 빠른 방법입니다. 대부분의 SNS 플랫폼은 저작권 침해 신고를 받으면 24-72시간 내에 검토하고 조치를 취합니다. 명백한 침해의 경우 더 빠르게 처리되기도 합니다.

직접 협상을 통한 해결은 상황에 따라 다릅니다. 침해자가 협조적인 경우 수일 내에 해결될 수 있지만, 비협조적이거나 연락이 되지 않는 경우 수주에서 수개월이 걸릴 수 있습니다.

내용증명을 통한 해결은 발송 후 1-2주 정도의 시간을 두고 상대방의 반응을 기다리는 것이 일반적입니다. 이 기간 내에 해결되지 않으면 다음 단계로 진행해야 합니다.

조정을 통한 해결은 다음과 같습니다. 저작권위원회 조정의 경우 신청 후 2-3개월 내에 조정이 성립되는 경우가 많습니다. 법원 조정도 비슷한 기간이 소요됩니다.

소송을 통한 해결은 가장 오래 걸립니다. 1심 판결까지 통상 6개월-1년이 소요되며, 항소나 상고가 있는 경우 2-3년이 걸릴 수도 있습니다. 소액사건심판의 경우 상대적으로 빠르게 진행되어 3-6개월 내에 해결되는 경우가 많습니다.

국제적 분쟁의 경우 더 오래 걸릴 수 있습니다. 관할권 문제, 송달 문제, 언어 문제 등으로 인해 국내 분쟁보다 2-3배 이상의 시간이 소요될 수 있습니다.

신속한 해결을 위한 방안은 다음과 같습니다. 명확한 증거를 준비하고, 합리적인 해결 방안을 제시하며, 전문가의 도움을 받고, 다양한 해결 방법을 병행하여 활용하는 것입니다.

※ 관련 법조문: 민사소송법, 민사조정법
※ 출처: [159] 저작권 분쟁 해결 기간 분석 (2024)

Q42 SNS에서 저작권 보호를 위한 미래 기술 동향은 어떻게 될까요?

A SNS에서의 저작권 보호 기술은 AI, 블록체인, 메타버스 등 신기술의 발전과 함께 빠르게 진화하고 있으며, 더욱 정교하고 효과적인 보호 방안들이 개발되고 있습니다[160].

AI 기반 보호 기술의 발전은 다음과 같습니다. 딥러닝을 활용한 콘텐츠 인식 기술이 더욱 정교해져서, 이미지나 영상의 미세한 변형도 탐지할 수 있게 될 것입니다. 또한 자연어 처리 기술의 발전으로 텍스트 콘텐츠의 유사성도 더 정확하게 판단할 수 있을 것입니다.

블록체인 기술의 활용 확대는 다음과 같습니다. 저작물의 생성 시점과 저작권자 정보를 블록체인에 기록하여 위변조가 불가능한 저작권 증명서를 만들 수 있으며, 스마트 계약을 통해 저작물 이용 허락과 로열티 지급을 자동화할 수 있을 것입니다.

NFT(Non-Fungible Token)와 저작권의 결합도 주목받고 있습니다. 디지털 저작물에 고유한 토큰을 부여하여 소유권과 진품성을 증명하고, 2차 거래 시에도 원저작자에게 로열티가 자동으로 지급되는 시스템이 구축될 것입니다.

메타버스 환경에서의 저작권 보호도 새로운 과제입니다. 가상 공간에서의 저작물 이용과 보호를 위한 새로운 기술적 표준과 법적 프레임워크가 필요할 것입니다.

실시간 모니터링 기술의 고도화는 다음과 같습니다. 전 세계 인터넷상의 콘텐츠를 실시간으로 모니터링하여 저작권 침해를 즉시 탐지하고 대응하는 시스템이 구축될 것입니다.

개인 창작자를 위한 기술 접근성도 개선될 것입니다. 고가의 전문 기술이 클라우드 서비스나 모바일 앱 형태로 제공되어, 개인 창작자도 쉽게 저작권 보호 기술을 활용할 수 있게 될 것입니다.

※ 관련 법조문: 민사소송법, 민사조정법
※ 출처: [160] 저작권 분쟁 해결 기간 분석 (2024)

Q43 인플루언서가 MCN(다중 채널 네트워크)과 계약할 때 저작권 관련 주의사항은 무엇인가요?

A 인플루언서가 MCN과 계약할 때는 저작권 귀속, 수익 분배, 계약 기간 등 저작권 관련 조항을 꼼꼼히 검토하여 불리한 계약을 체결하지 않도록 주의해야 합니다[167].

저작권 귀속 문제 확인은 필수입니다. 계약서에서 인플루언서가 제작하는 모든 콘텐츠의 저작권을 MCN에 양도하도록 규정하고 있는지 확인해야 합니다. 이는 인플루언서에게 매우 불리한 조항이므로, 가급적 저작권은 인플루언서가 보유하고 MCN에는 이용을 허락하는 방식으로 계약하는 것이 바람직합니다.

수익 분배 비율의 적정성도 따져봐야 합니다. MCN이 제공하는 지원(채널 관리, 광고 영업, 법률 자문 등)의 수준과 수익 분배 비율이 합리적인지 판단해야 합니다. 수익 분배의 기준과 정산 방식도 명확히 확인해야 합니다.
계약 기간과 해지 조건도 중요합니다. 지나치게 긴 계약 기간이나 불합리한 해지 조건은 인플루언서의 활동을 제약할 수 있습니다. 계약 갱신 조건과 해지 시의 권리 관계도 명확히 해야 합니다.
2차 사업에 대한 권리도 확인해야 합니다. 굿즈 제작, 출판, 강연 등 2차 사업에 대한 권리가 누구에게 있는지, 수익 분배는 어떻게 되는지 등을 사전에 명확히 합의해야 합니다.

또한 표준계약서 활용을 권장합니다. 문화체육관광부에서 제공하는 '대중문화예술인(가수중심) 표준전속계약서'나 공정거래위원회의 'MCN 표준계약서' 등을 참고하여 불공정한 조항이 없는지 비교 검토하는 것이 좋습니다.
MCN 계약 전에는 반드시 법률 전문가의 검토를 받는 것이 안전합니다.

※ 관련 법조문: 대중문화예술산업발전법, 약관규제법
※ 출처: [167] MCN 계약 가이드 (2024)

Q44 인플루언서가 협찬받은 제품을 중고로 판매해도 되나요?

A 인플루언서가 협찬받은 제품을 중고로 판매하는 것은 광고주와의 계약 위반, 세금 문제 등 다양한 법적 이슈를 야기할 수 있으므로 신중하게 접근해야 합니다[169].

계약 위반 문제는 다음과 같습니다. 광고주와의 협찬 계약에서 제품의 처분에 대한 규정이 있는지 확인해야 합니다. 많은 경우 협찬 제품의 재판매를 금지하는 조항을 두고 있으며, 이를 위반할 경우 계약 위반으로 인한 손해배상 책임을 질 수 있습니다.

세금 문제는 다음과 같습니다. 협찬받은 제품은 소득세법상 기타소득에 해당하여 세금을 신고하고 납부해야 합니다. 이를 중고로 판매하여 얻은 수익에 대해서도 별도의 세금이 발생할 수 있습니다. 세무 전문가와 상담하여 정확한 세무 처리를 하는 것이 중요합니다.

광고주의 브랜드 이미지 훼손 문제도 있습니다. 협찬 제품이 중고 시장에 유통되면 브랜드 가치가 하락하거나 이미지가 훼손될 수 있습니다. 이는 광고주와의 신뢰 관계에 부정적인 영향을 미칠 수 있습니다.

실무적으로는 협찬 계약 시 제품의 처분 방법에 대해 명확히 합의하고, 재판매가 금지된 경우에는 이를 준수해야 합니다. 또한 협찬받은 모든 제품에 대해 정확한 기록을 남기고 세무 신고를 성실히 이행해야 합니다.

협찬 제품의 처분은 계약 내용을 따르고, 세금 문제를 반드시 고려합니다.

※ 관련 법조문: 민법, 소득세법
※ 출처: [169] 인플루언서 협찬과 법적 문제 (2024)

Q45 인플루언서가 자신의 콘텐츠를 NFT로 만들어 판매할 때 주의할 점은 무엇인가요?

A 인플루언서가 자신의 콘텐츠를 NFT(대체 불가능 토큰)로 만들어 판매할 때는 저작권, 소유권, 세금 등 새로운 법적 쟁점들을 신중하게 검토해야 합니다[171].

NFT와 저작권의 관계는 다음과 같습니다. NFT를 구매하는 것은 해당 디지털 파일의 소유권을 증명하는 토큰을 구매하는 것이지, 저작권 자체를 구매하는 것은 아닙니다. 별도의 계약이 없는 한, 저작권은 여전히 원저작자인 인플루언서에게 남아있습니다.

판매 계약서의 중요성은 다음과 같습니다. NFT 판매 시 구매자에게 어떤 권리를 부여하는지를 명확히 해야 합니다. 개인적 감상용으로 제한할 것인지, 2차적 이용이나 상업적 이용을 허락할 것인지 등을 구체적으로 명시해야 합니다.

2차 판매 시 로열티 설정도 가능합니다. NFT는 2차 시장에서 재판매될 때마다 원저작자에게 일정 비율의 로열티가 자동으로 지급되도록 스마트 계약을 통해 설정할 수 있습니다. 이는 창작자에게 새로운 수익 모델을 제공합니다.

세금 문제는 다음과 같습니다. NFT 판매로 얻은 수익은 소득세법상 기타소득 또는 사업소득에 해당하여 세금을 신고하고 납부해야 합니다. 또한 가상자산 관련 세법 개정 동향을 지속적으로 주시해야 합니다.

법적 불확실성도 고려해야 합니다. NFT는 새로운 기술이므로 아직 법적, 제도적 장치가 완비되지 않았습니다. 따라서 법률 전문가와 상의하여 잠재적 리스크를 최소화하는 것이 중요합니다.

※ 관련 법조문: 저작권법, 소득세법
※ 출처: [171] NFT와 지식재산권 (2024)

Q46 인플루언서가 광고 콘텐츠에서 사용한 음악이 나중에 문제가 되면 누가 책임지나요?

A 인플루언서가 광고 콘텐츠에서 사용한 음악이 저작권 문제가 되면, 일차적으로는 콘텐츠를 제작한 인플루언서가 책임을 지지만, 광고주도 공동으로 책임을 질 수 있습니다[172].

인플루언서의 직접 책임은 다음과 같습니다. 저작권자의 허락 없이 음악을 사용한 것은 저작권 침해 행위이므로, 인플루언서는 손해배상 책임과 형사 처벌의 대상이 될 수 있습니다.

광고주의 공동 책임(방조 책임)은 다음과 같습니다. 광고주가 인플루언서의 저작권 침해 사실을 알았거나 알 수 있었다에도 불구하고 이를 방치했다면, 공동불법행위자로서 책임을 질 수 있습니다. 특히 광고주가 콘텐츠 제작에 깊이 관여했다면 책임이 인정될 가능성이 높습니다.

계약서상의 책임 분담 조항이 중요합니다. 광고 계약서에 '인플루언서는 콘텐츠에 사용된 모든 저작물의 권리를 확보해야 하며, 이로 인한 문제 발생 시 모든 책임을 진다'는 식의 조항이 있다면, 인플루언서의 책임이 더 커질 수 있습니다.

실무적 대응 방안은 다음과 같습니다. 광고주는 인플루언서에게 저작권 준수 확약서를 받거나, 사용된 모든 저작물의 라이선스 증빙 자료를 제출하도록 요구해야 합니다. 인플루언서는 상업적 이용이 가능한 음원 라이브러리를 이용하거나, 저작권료를 지불하고 사용하는 등 적법한 절차를 거쳐야 합니다.

※ 관련 법조문: 저작권법 제124조, 민법 제760조
※ 출처: [172] 광고 저작권 분쟁 사례 (2024)

Q47 인플루언서가 자신의 유행어를 상표로 등록할 수 있나요?

A 네, 인플루언서가 만든 유행어도 식별력이 있고 상표의 다른 등록 요건을 충족한다면 상표로 등록받을 수 있습니다[173].

상표 등록의 요건은 다음과 같습니다. 첫째, 식별력입니다. 자신의 상품이나 서비스를 타인의 것과 구별할 수 있는 능력입니다. 유행어가 특정 인플루언서를 연상시킬 정도로 널리 알려졌다면 식별력이 인정될 수 있습니다. 둘째, 부등록 사유에 해당하지 않아야 합니다. 보통명칭이나 관용표장, 현저한 지리적 명칭 등은 등록받을 수 없습니다.

등록 절차는 다음과 같습니다. 특허청에 상표 출원서를 제출하고, 심사를 거쳐 등록 결정을 받습니다. 이 과정에서 선행 상표가 있는지, 식별력이 있는지 등을 심사받게 됩니다.

상표 등록의 효과는 다음과 같습니다. 등록된 상표에 대해 독점적인 사용권을 가지며, 타인이 동일하거나 유사한 상표를 사용하는 것을 금지할 수 있습니다. 이를 통해 자신의 유행어를 활용한 굿즈 사업 등을 안정적으로 운영할 수 있습니다.

주의할 점은 다음과 같습니다. 유행어가 너무 일반적인 용어가 되거나 보통명칭화되면 식별력을 상실하여 상표권이 무효가 될 수 있습니다. 따라서 지속적인 관리가 필요합니다.
실무적으로는 유행어가 인기를 얻기 시작하면 신속하게 상표 출원을 하는 것이 중요하며, 출원 시에는 지정상품(예: 의류, 문구류 등)을 명확히 하여 권리 범위를 정해야 합니다.

※ 관련 법조문: 상표법 제33조, 제34조
※ 출처: [173] 유행어와 상표권 (2024)

Part 04
일반인들이 가장 궁금해 하는 저작권 FAQ
자주 묻는 질문

Q1 **저작권이란 무엇인가요?**

A 저작권은 문학, 음악, 미술, 연극, 컴퓨터 프로그램 등 창작된 저작물에 부여되는 권리입니다. 이는 창작자가 자신의 저작물에 대해 가지는 배타적인 법적 권리이며, 전 세계 대부분의 국가에서 인정됩니다.

저작권은 크게 정신적 권리인 저작인격권과 경제적 권리인 저작재산권으로 나뉩니다. 저작인격권은 공표권, 성명표시권, 동일성유지권을 포함하며, 저작재산권에는 복제권, 공연권, 공중송신권, 전시권, 배포권, 대여권, 2차적저작물작성권 등이 있습니다. 저작권은 창작물의 아이디어가 아닌 그 표현 형식을 보호하며, 어떠한 절차나 요건 없이 저작물을 창작하는 동시에 권리가 발생합니다.

Q2 **저작권의 보호 기간은 얼마나 되나요?**

A 저작권 보호 기간은 일반적으로 저작자의 생존 기간 동안과 사망 후 70년간 보호됩니다. 공동 저작물의 경우 마지막으로 사망한 저작자의 사망 후 70년간 존속하며, 무명 또는 이명 저작물이나 업무상 저작물은 공표된 때로부터 70년간 존속합니다. 보호 기간을 계산할 때는 저작자가 사망하거나 저작물을 창작 또는 공표한 다음 해 1월 1일부터 기산합니다. 대한민국에서는 2013년 7월 1일부터 저작재산권 보호 기간이 저작자 사후 50년에서 70년으로 연장되었으나, 개정법 시행일 이전에 이미 보호 기간이 만료된 저작물은 소급하여 보호되지 않습니다. 한국의 저작권 보호 기간은 2013년 7월 1일부터 70년으로 연장되었으므로, 그 이전 저작물의 경우 적용 시점을 확인하는것이 좋습니다.

※ 관련 법조문: 저작권법 제39조 제1항 (보호기간의 원칙)
※ 출처: [3] 김철수. (2024). 「디지털 시대의 저작권법」. 법문사.

Q3 저작물의 저작권을 양도할 수 있나요?

A 저작권은 저작인격권과 저작재산권으로 구성되며, 이 중 저작재산권은 전부 또는 일부를 타인에게 양도할 수 있습니다. 저작재산권의 양도는 각각의 지분권을 분리하여 양도하는 것도 가능하고, 저작재산권을 행사할 지역, 장소, 기간 등에 제한을 가하여 양도하는 것도 가능합니다. 하지만 저작인격권은 저작자의 명예와 인격을 보호하기 위한 권리이며, 저작자 일신에 전속하는 권리이므로 타인에게 양도하거나 포기할 수 없습니다. 즉, 저작자가 저작재산권을 양도하더라도 저작인격권은 창작자에게 남아있게 됩니다. 저작재산권 전부를 양도하는 경우, 특약이 없는 한 2차적 저작물(번역, 편곡, 변형, 각색, 영상제작 등으로 작성할 수 있는 권리)을 작성하여 이용할 권리는 포함되지 않는 것으로 추정됩니다. 이는 저작자의 창작의 자유 또는 권리에 대한 침해가 과도하다고 판단하기 때문입니다. 다만, 당사자 사이에 '특약'이 있으면 2차적 저작물작성권도 함께 양도할 수 있습니다.

이 특약은 문서뿐만 아니라 구두로도, 명시적뿐만 아니라 묵시적으로도 가능합니다. 반면, 컴퓨터 프로그램 저작물(SW)의 경우 저작재산권 전부를 양도하면 원칙적으로 2차적 저작물작성권도 함께 양도된 것으로 추정됩니다. 이는 컴퓨터 프로그램의 특성상 업그레이드, 유지보수, 커스터마이징 등이 빈번하게 발생하기 때문입니다. 그러나 이 또한 당사자 사이의 '특약'으로 2차적저작물작성권을 제외하고 저작재산권 전부를 양도할 수 있습니다. 따라서 저작권 양도 계약을 작성할 때는 2차적저작물작성권의 포함 여부를 반드시 명확하게 규정해야 불필요한 분쟁을 미연에 방지할 수 있습니다. 저작권 양도는 당사자의 의사 합치만으로도 권리가 이전되며, 등록은 제3자에게 대항하기 위한 대항요건에 불과합니다.

Q4 네이버나 구글에서 검색하여 찾은 이미지도 저작권이 있나요?

A 네이버나 구글 등 검색 엔진에서 찾은 이미지는 명시적으로 저작권이 없다고 표시되지 않는 한 일반적으로 저작권이 있습니다. 단순히 출처를 밝히는 것만으로는 저작권 침해를 피할 수 없으며, 저작권자의 허락 없이 사용하는 것은 저작권 침해에 해당합니다.

이미지를 안전하게 사용하려면 다음과 같은 방법을 고려할 수 있습니다.

- **크리에이티브 커먼즈 라이선스 (CCL):** CCL이 적용된 이미지는 저작권자가 미리 사용 조건을 허락한 것으로, 일반적으로 저작자 표시(BY)를 요구하지만 상업적 이용, 변경 및 2차적 저작물 작성 등 세부 조건에 따라 여러 유형으로 나뉩니다.

- **공공누리:** 국가, 지방자치단체, 공공기관이 저작재산권의 전부 또는 일부를 보유하여 국민이 자유롭게 사용할 수 있도록 공유하는 저작물로, 유형별 이용조건에 따라 저작권 침해 부담 없이 무료로 이용할 수 있습니다.

- **구글 이미지 검색 도구 활용:** 구글 이미지 검색시 '사용권한' 필터를 사용하여 라이선스 유형별로 이미지를 검색할 수 있습니다.

- **유료 이미지 사이트:** 유료 이미지 사이트에서 다운로드한 이미지는 일정 비용을 지불하고 사용권을 얻는 것이므로, 비용을 지불하지 않고 사용하는 것은 저작권 침해에 해당합니다.

Q5 제가 찍은 영상을 다른 사람이 허락 없이 유튜브에 올렸어요. 저는 어떻게 해야 하나요?

A 다른 사람이 저작권자의 허락 없이 촬영한 영상을 유튜브에 재업로드한 경우, 해당 영상도 저작권 침해 조치를 받을 수 있습니다. 저작권 침해 사실을 알게 된 저작권자는 온라인 플랫폼의 고객센터나 권리침해 신고 창구에 신고하여 저작물의 복제·전송 중단을 요청할 수 있습니다. 유튜브의 경우 콘텐츠 ID 시스템을 통해 저작권 침해를 감지하고 관리하며, 저작권자가 직접 침해 영상을 신고할 수도 있습니다. 저작권 침해 시 저작권법에 따라 민사상 손해배상 책임과 형사처벌을 받을 수 있습니다. 특히 영리 목적으로 상습적으로 저작재산권을 침해한 경우 등은 권리자가 아니더라도 누구든지 고발할 수 있습니다. 한국저작권보호원 온라인 신고 사이트(COPY112)를 통해 불법 복제물을 신고하거나, 한국저작권위원회 분쟁조정을 신청하여 합의를 유도할 수 있습니다.

Q6 수노라는 프로그램에서 음악을 만들었어요. SNS에 사용해도 되나요?

A SUNO AI와 같은 생성형 AI로 만든 음악을 SNS에 사용하는 것은 사용자의 요금제에 따라 저작권 소유권과 수익 창출 조건이 달라집니다.

- **무료 플랜:** 무료 플랜으로 생성된 음악은 비상업적 용도로만 사용할 수 있으며, YouTube, Spotify 등에서 수익 창출이 불가능합니다. 음원의 저작권은 SUNO AI에 귀속되며, 사용 시 "Made With Suno"와 같은 출처 표기가 요구됩니다.

- **유료 플랜(Pro 및 Premier Plan):** 유료 플랜으로 생성된 음악은 상업적으로 자유롭게 활용할 수 있으며, 저작권은 사용자에게 귀속됩니다. 출처 표기는 선택 사항이며, 구독이 종료된 이후에도 해당 권리는 계속 유지됩니다. 단, 무료 플랜에서 생성된 음악은 상업적 권리가 부여되지 않으므로, 활용하기 전에는 반드시 기존 곡과의 유사성 여부를 확인해 저작권 침해 소지를 예방하는 것이 안전합니다.

Q7 다양한 AI 툴로 이미지나 동영상을 제작했어요. SNS에 올려도 되나요?

A AI 툴로 생성된 이미지나 동영상은 인간의 창작적 개입이 없는 경우 현재 대부분의 국가에서 저작권이 인정되지 않습니다. 이는 저작권법상 저작물이 "인간의 사상 또는 감정을 표현한 창작물"이어야 하기 때문입니다.

- **인간의 창작적 기여:** 만약 인간이 AI에 특정 지시(프롬프트)를 제공하고, 생성된 결과물을 선택, 편집, 가공하는 등 창작적인 기여를 했다면 인간의 저작물로 간주되어 저작권 보호를 받을 수 있는 가능성이 있습니다. 하지만 AI의 창작 기여도를 어디까지 인정할지에 대한 법적 기준은 아직 명확하지 않습니다.

- **저작권 침해 위험:** AI 시스템은 기존 저작물을 학습하여 콘텐츠를 생성하므로, 의도치 않게 기존 저작물과 유사한 결과물을 생성하여 저작권 침해나 표절 위험이 발생할 수 있습니다. 따라서 AI 생성 콘텐츠를 상업적으로 이용하거나 공개하기 전에 유사성을 충분히 확인해야 합니다.

- **이용 약관 준수:** 사용하려는 AI 서비스의 이용 약관을 반드시 확인하여 생성된 콘텐츠의 저작권 귀속 및 이용 방법에 대한 규칙을 이해하고 준수해야 합니다.

- **기타 법적 문제:** AI 생성 콘텐츠는 명예훼손, 사생활 침해, 규제 준수 등 다른 법적 문제를 야기할 수도 있습니다.

Q8 저작권이랑 지식 재산권은 뭐가 다른가요?

A 저작권은 지식재산권(Intellectual Property Rights, IPR)의 한 종류입니다.

- **지식재산권:** 인간의 지적 활동으로 얻어지는 모든 재산적 가치를 보호하는 포괄적인 개념입니다. 특허권, 상표권, 디자인권, 저작권 등이 지식재산권에 포함됩니다. 산업 발전을 목적으로 하는 산업재산권(특허, 실용신안, 디자인, 상표)은 특허청에 등록해야 권리가 발생하지만, 저작권은 등록 없이 창작과 동시에 권리가 발생한다는 점에서 차이가 있습니다.

- **저작권:** 특히 문학, 음악, 미술, 연극, 컴퓨터 프로그램 등과 같이 창의적인 표현물에 대한 권리를 보호하는 지식재산권입니다. 저작권은 문화의 향상 발전을 목적으로 합니다.

Q9 유튜브 영상 제작 시 스마트폰 영상 프로그램에서 지원하는 음악은 저작권 없이 자유롭게 사용 가능한가요?

A 스마트폰 영상 편집 프로그램에서 제공하는 음악이나 유튜브 오디오 라이브러리에서 제공하는 음원은 일반적으로 저작권 걱정 없이 사용할 수 있도록 라이선스가 부여된 경우가 많습니다.

그러나 다음 사항에 주의해야 합니다.

● **라이선스 조건 확인:** 각 프로그램이나 플랫폼에서 제공하는 음악의 라이선스 조건을 반드시 확인해야 합니다. 일부 음악은 원작자 표시가 필요하거나, 상업적 이용이 제한될 수 있습니다.

● **수익 창출 시:** 동영상의 수익 창출 여부와 관계없이 저작권이 있는 음악을 허가 없이 사용하는 것은 저작권 침해에 해당할 수 있습니다. 특히 유명 음악의 경우 유튜브 등 플랫폼에서 콘텐츠 ID 시스템을 통해 저작권 침해를 감지하고, 수익의 일부가 원저작권자에게 돌아가거나 영상이 삭제될 수 있습니다.

● **사전 허락 필요:** 타인의 음악 저작물(음악, 음원, 가요, 팝송)을 배경 음악(BGM)으로 사용하거나 MR로 이용하여 수익을 창출하는 것은 저작권 침해에 해당할 수 있으므로 매우 어렵습니다. 멜론 음악과 같은 저작권이 있는 음원을 사용해도 침해입니다.

Q10 강의 및 발표 자료 만들기에 영화 장면을 삽입해서 사용하면 저작권에 걸리나요?

A 강의 및 발표 자료에 영화 장면을 삽입하여 사용하는 것은 저작권 침해에 해당할 수 있습니다.

그러나 교육 목적인 경우 저작권법상 일부 예외가 적용될 수 있습니다.

- **교육 목적의 이용:** 저작권법 제25조 제3항에 따르면 학교나 교육기관이 수업 목적으로 공표된 저작물의 일부분을 복제, 배포, 공연 등으로 이용하는 것은 허용됩니다.

- **허용 범위:** '일부분'의 범위는 법으로 명확히 정해져 있지 않지만, 수업 목적 저작물 이용 가이드라인에 따르면 영상 저작물의 경우 전체 저작물의 5% 이내, 단 최대 1분으로 제한됩니다.

- **상업적 이용 금지:** 상업적 목적으로 영화 장면을 사용하는 경우에는 '공표된 저작물의 인용'이 인정되기 어려우므로 저작권자의 허락이 필요합니다.

- **초상권 및 개인정보 침해:** 강의 내용을 녹화하여 공유할 경우 교수의 초상권 및 개인 정보 침해에 해당할 수 있으므로, 반드시 교수의 허락을 받아야 합니다.

Q11 유료 사이트에서 다운로드 받은 이미지, 영상, GIF, 아이콘 등 자유롭게 사용 가능한가요?

A 유료 사이트에서 다운로드받은 이미지, 영상, GIF, 아이콘 등은 해당 사이트의 라이선스 정책에 따라 사용 권한과 제한 사항이 정해집니다.

- **라이선스 유형:** 유토이미지와 같은 유료 서비스는 일반적으로 표준 라이선스와 확장 라이선스를 제공합니다. 표준 라이선스는 홈페이지, 인쇄물, SNS, 광고 등 일반적인 홍보용으로 사용될 수 있으며, 확장 라이선스는 모바일 앱, 유상 상품, 소프트웨어 등 상업적 용도로 사용될 때 필요합니다.

- **이용 기간 및 범위:** 정액제 플랜의 경우 서비스 이용 기간에만 원본 이용이 가능하며, 기간 만료 후에는 편집, 수정, 재게시 등의 행위가 모두 불가합니다. 반면, 1컷 구매 또는 이미지팩으로 구매한 콘텐츠는 평생 재이용이 가능합니다.

- **저작권 확보:** 유료 이미지 서비스는 저작권이 확보된 콘텐츠만 업데이트되므로 '안성성'이라는 장점을 가집니다. 그러나 무단으로 사용하거나 라이선스 조건을 위반할 경우 법적 소송으로 이어질 수 있으므로 주의해야 합니다.

- **납품 및 공유 제한:** 다운로드한 콘텐츠의 라이선스 및 이용 권한은 아이디 소유자에게 귀속되므로, 다른 개인이나 기업과 플랜을 공유하는 것은 불가합니다. 기업 이용의 경우 반드시 기업회원으로 등록해야 하며, 납품 시에도 별도의 납품용 플랜을 선택해야 합니다.

Q12 다른 사람이 써준 캘리그라피 SNS 사용 가능한가요?

A 캘리그라피는 작가의 독창적 노력이 담긴 창작물로서 저작권법의 보호를 받는 저작물에 해당합니다.

- **허락 필요:** 다른 사람이 제작한 캘리그라피를 SNS에 사용하려면 반드시 저작권자의 허락을 받아야 합니다. 단순히 출처를 밝히는 것만으로는 저작권 침해를 피할 수 없습니다.

- **저작인격권 침해 주의:** 저작권자에게는 자신의 저작물이 변경, 절단, 왜곡되지 않도록 할 수 있는 동일성유지권이 있습니다. 따라서 캘리그라피 작품을 무단으로 수정하거나 짜깁기하여 사용하는 것은 저작인격권 침해에 해당할 수 있습니다. 예를 들어, 영화 '각설탕'과 드라마 '뉴하트'의 타이틀이 유사하게 짜깁기된 사례는 동일성유지권 위반의 예시로 볼 수 있습니다.

- **계약서 작성:** 캘리그라피 작품을 판매하거나 사용을 허락할 때는 어떤 조건으로 작품을 사용할 수 있는지 자세히 명시한 계약서를 작성하는 것이 중요합니다.

Q13 블로그에 출처를 밝히면 이미지나 글을 사용해도 된다고 하던데 맞나요?

A 블로그에 출처를 밝히는 것만으로는 저작권 침해로부터 면제되지 않습니다. 타인의 저작물을 이용하려면 원칙적으로 저작권자의 허락을 받아야 합니다.

- **저작권 침해의 성립:** 저작권법상 저작물 침해 행위는 영리 목적 여부와 상관없이 성립됩니다. 즉, 비영리 목적으로 사용하거나 출처를 명확히 밝혔더라도 저작권자의 허락 없이 사용했다면 저작권 침해가 될 수 있습니다.

- **예외 및 제한:** 저작권법에는 인용, 보도, 교육, 연구, 사적 이용 등 특정 조건 하에 저작권자의 허락 없이 저작물을 이용할 수 있는 예외와 제한 규정이 있습니다. 그러나 이러한 예외는 '정당한 범위 안에서 공정한 관행에 합치되게' 이용해야 하며, 단순히 복사하거나 전체를 이용하는 것은 허용되지 않습니다.

- **올바른 인용 방법:** 다른 저작물의 내용을 참고로 끌어다 쓸 때는 인용 부호(따옴표)를 활용하여 내 글이 아닌 부분을 명확히 표시하고 정확한 출처를 밝혀야 합니다.

Q14 책 읽어주는 유튜브 하고 싶은데 책은 아무거나 올려도 괜찮은지요?

A 책을 읽어주는 유튜브 콘텐츠(이른바 '북튜브')를 제작할 때 저작권자의 허락 없이 책 전체를 낭독하는 것은 저작권 침해에 해당합니다.

- **공연권 침해:** 책을 읽어주는 '낭독' 행위는 저작권법상 '공연'에 해당하며, 저작권자인 작가의 허락 없이 낭독을 했다면 작가의 공연권을 침해하는 행위가 됩니다. 시, 소설, 동화 등 모든 어문 저작물에 해당됩니다.

- **복제권 및 공중송신권 침해:** 책 내용을 복제하여 유튜브에 업로드하는 것은 복제권 및 공중송신권 침해에 해당하며, 직접적인 수익이 발생하지 않는 비영리 활동이라도 침해에 해당합니다.

- **부분적 이용:** 책을 간단히 소개하거나 일부만 읽어주는 경우는 저작권 침해 가능성이 낮을 수 있지만, 이 또한 저작권법의 공정 이용 요건을 충족하는지 신중하게 판단해야 합니다.

- **허락 및 문의:** 가장 안전한 방법은 저작권자에게 사전에 허락을 받고 책 읽는 영상을 제작하는 것입니다. 저작권 및 이용 허락 문의는 한국저작권위원회를 통해 할 수 있습니다.

Q15 책 내용을 활용한 영상 제작 시 저작권 침해 여부를 알고 싶습니다.

A 책 내용을 활용하여 영상을 제작하는 것은 저작권 침해 소지가 매우 높습니다.

- **원칙적인 허락 필요:** 저작재산권이 보호되는 도서에 대해 저작자의 허락 없이 콘텐츠를 창작한다면 저작권 침해에 해당할 수 있습니다.

- **복제권 및 2차적 저작물작성권 침해:** 책의 내용을 영상으로 요약하거나 재구성하는 것은 원작물을 복제하고 이를 바탕으로 새로운 2차적 저작물을 만드는 행위에 해당하여, 저작권자의 복제권 및 2차적저작물작성권을 침해할 수 있습니다. 실제로 도서를 요약해 유료로 제공한 사례에서 대법원은 저작권 침해를 인정한 바 있습니다.

- **부분 이용의 한계:** 저작권법 제23조부터 제35조의5까지 등에 해당하면 원저작자의 이용 허락 없이도 저작물을 자유롭게 이용할 수 있는 예외가 있지만, 이는 제한적인 범위에 해당하며, 책 전체 또는 상당 부분을 요약하거나 재구성하는 것은 이 범위를 넘어설 가능성이 큽니다.

- **가장 안전한 방법:** 가장 좋은 방법은 저작권자에게 책의 내용을 영상으로 제작하겠다는 허락을 받는 것입니다.

Q16 '7080 노래 모음' 등 여러 유명 가수들의 노래를 모아서 올리는 채널들의 저작권 문제를 알고 싶습니다.

A 유튜브에 여러 유명 가수의 노래를 모아 올리는 것은 원칙적으로 저작권 침해에 해당합니다.

이는 저작권자의 복제권 및 공중송신권 등을 침해하는 행위입니다.

- **유튜브 콘텐츠 ID 시스템:** 유튜브는 원작자의 저작권 관리를 위해 Content ID 시스템을 운영합니다. 새로운 영상이 업로드되면 이 시스템이 자동으로 저작권 침해 여부를 감지하며, 침해가 확인되면 저작권자에게 수익이 배분되거나 영상이 삭제될 수 있습니다. 이는 저작권자가 유튜브에 저작권 관리를 위탁했기 때문입니다.

- **수익 창출:** 광고가 계속 달리는 채널들은 저작권자로부터 음원 사용 허락을 받았거나, 유튜브의 Content ID 시스템을 통해 저작권자와 수익을 공유하는 방식으로 운영될 가능성이 높습니다. 즉, 영상으로 발생하는 광고 수익이 저작권자에게 돌아가도록 설정된 경우입니다.

- **법적 조치 가능성:** 저작권자의 허락 없이 음악을 사용하는 것은 저작권 침해에 해당하며, 저작권자가 플랫폼에 영상 제거를 요청하거나 법적 조치를 취할 수 있습니다.

- **저작권 양도/라이선스:** 음악 저작권자는 저작권을 다른 사람에게 양도하거나 판매할 수 있으며, 아티스트와 작가는 음반사나 음반 발행인과 같은 제3자에게 권리를 독점적으로 할당하기도 합니다. 따라서 음악에 라이선스를 부여하려면 노래의 모든 소유자의 허가가 필요합니다.

Q17 직접 촬영한 스포츠 중계나 연극을 녹화해서 다른 사이트에 올리면 저작권에 걸리나요?

A 직접 촬영한 스포츠 중계나 연극을 녹화하여 다른 사이트에 올리는 행위는 저작권 침해에 해당합니다.

- **복제권 및 저작인격권 침해:** 스포츠 중계나 연극은 각각 방송 저작물 및 연극 저작물로서 저작권법의 보호를 받습니다. 이러한 공연이나 방송을 녹화하는 것은 원저작물의 '복제'에 해당하며, 저작권자의 허락 없이 이를 다른 사이트에 올리는 것은 '공중송신권' 등을 침해하는 행위입니다. 특히 연극이나 무용을 영상으로 제작한 기록물은 연극 저작물의 복제물로 간주되므로, 이를 활용하려면 극작가나 안무가에게 허락을 받아야 합니다.

- **형사 처벌 및 손해배상:** 저작권 침해 행위는 영리 목적 여부와 관계없이 법적 책임을 지게 됩니다. 상영 중인 영화를 녹화하는 것은 형사상 처벌을 받을 수 있으며, 무단으로 복제·전송하거나 영리 행위를 할 경우 징역 또는 벌금에 처해질 수 있습니다.

- **저작인격권 침해:** 스포츠 중계나 연극 영상에 출연하는 인물의 초상권 및 기타 저작인격권 문제도 발생할 수 있습니다. 저작자의 명예를 훼손하는 방법으로 저작물을 이용하는 행위는 저작인격권 침해로 간주됩니다.

Part 05

부록

부록 A: 주요 법령 조문

부록 B: 유용한 웹사이트 및 기관 정보

부록 C: 저작권 관련 양식 및 서식

부록 D: 저작권 체크리스트

부록A 주요 법령 조문

● 저작권법 주요 조문

제1조(목적) 이 법은 저작자의 권리와 이에 인접하는 권리를 보호하고 저작물의 공정한 이용을 도모함으로써 문화 및 관련 산업의 향상발전에 이바지함을 목적으로 한다.

제2조 (정의) 이 법에서 사용하는 용어의 뜻은 다음과 같다.

1. "저작물"은 인간의 사상 또는 감정을 표현한 창작물을 말한다.
2. "저작자"는 저작물을 창작한 자를 말한다.
3. "저작권"은 이 법에 따라 저작물에 대하여 저작자가 가지는 권리를 말한다.

제10조(저작권의 귀속) 저작권은 저작물을 창작한 때부터 저작자에게 귀속된다.

제22조(복제권) 저작자는 그의 저작물을 복제할 권리를 가진다.

제28조(공표된 저작물의 인용)공표된 저작물은 보도·비평·교육·연구 등을 위하여는 정당한 범위 안에서 공정한 관행에 합치되게 이를 인용할 수 있다.

제35조의5(저작물의 공정한 이용): 제23조부터 제35조의4까지의 경우 외에 저작물의 통상적인 이용 방법과 충돌하지 아니하고 저작자의 정당한 이익을 부당하게 해치지 아니하는 경우에는 보도·비평·교육·연구 등을 위하여 저작물을 이용할 수 있다.

● 상표법 주요 조문

제1조(목적) 이 법은 상표를 보호함으로써 상표사용자의 업무상 신용의 유지를 도모하여 산업발전에 이바지하고 수요자의 이익을 보호함을 목적으로 한다.

제2조(정의) 이 법에서 사용하는 용어의 뜻은 다음과 같다.

1. "상표"란 자기의 상품과 타인의 상품을 식별하기 위하여 사용하는 표장을 말한다.

제33조(등록요건) 상표등록을 받으려는 자는 다음 각 호의 사항을 적은 상표등록 출원서를 특허청장에게 제출하여야 한다.

유용한 웹사이트 및 기관 정보　부록B

정부 기관

● **한국저작권보호원**
　웹사이트: www.kcopa.or.kr　　전화: 1800-5455
　주요 서비스: 저작권 등록, 분쟁 조정, 교육 프로그램

● **특허청**
　웹사이트: www.kipo.go.kr　　전화: 1544-8080
　주요 서비스: 상표권, 디자인권 등록

● **공정거래위원회**
　웹사이트: www.ftc.go.kr　　전화: 1670-0007
　주요 서비스: 불공정 거래 신고, 약관 심사

민간기관

● **한국음악저작권협회(KOMCA)**
　웹사이트: www.komca.or.kr　　전화: 02-2660-0400
　주요 서비스: 음악 저작권 관리, 라이선스

● **한국방송실연자권리협회**
　웹사이트: www.kobpra.or.kr　　전화: 02-784-7802
　주요 서비스: 실연자 권리 보호

● **대한상사중재원**
　웹사이트: www.kcab.or.kr　　전화: 02-551-2000
　주요 서비스: 상사 분쟁 중재

부록 C 저작권 관련 양식 및 서식

● 저작권 이용 허락 계약서 (기본 양식)

저작권자: _____ (이하 "갑"이라 하다)
이용자: _____ (이하 "을"이라 하다)

갑과 을은 다음과 같이 저작권 이용 허락에 관하여 계약을 체결한다.

제1조(저작물의 표시)
갑이 을에게 이용을 허락하는 저작물은 다음과 같다.
- 저작물명: _____
- 창작일: _____
- 저작권 등록번호: _____

제2조(이용의 범위)
1. 이용 목적: _____
2. 이용 방법: _____
3. 이용 기간: _____
4. 이용 지역: _____

제3조(이용료)
을은 갑에게 이용료로 금 _____원을 지급한다.

제4조(기타)
이 계약에 정하지 아니한 사항은 저작권법에 따른다.

20__년 __월 __일

갑: _____ (서명)
을: _____ (서명)

● 저작권 침해 경고장 (기본 양식)

수신: _____

발신: _____

귀하가 _____년 ___월 ___일경부터 _____ 웹사이트(또는 매체)에서 본인의 저작물 "_____"을 무단으로 사용하고 있음을 확인하였습니다.

이는 저작권법 제___조에 위반되는 행위로서, 즉시 중단하여 주시기 바랍니다.

본 경고장 발송일로부터 7일 이내에 해당 저작물의 사용을 중단하지 않을 경우, 저작권법에 따른 민형사상 법적 조치를 취할 예정임을 알려드립니다.

20___년 __월 __일

_____

부록 D 저작권 체크리스트

● **콘텐츠 제작 전 체크리스트**
- ☐ 사용할 모든 이미지의 저작권 확인
- ☐ 사용할 음악의 라이선스 확인
- ☐ 폰트의 상업적 이용 가능 여부 확인
- ☐ 인용할 텍스트의 출처 및 허락 여부 확인
- ☐ 등장인물의 초상권 동의서 확보
- ☐ 촬영 장소의 이용 허락 확인

● **광고 콘텐츠 제작 시 체크리스트**
- ☐ 광고주와의 계약서에서 저작권 조항 확인
- ☐ 광고 표시 의무 준수 (표시광고법)
- ☐ 경쟁사 제품 비교 시 객관적 근거 확보
- ☐ 허위·과장 광고 요소 제거
- ☐ 제품 이미지 사용 권한 확인

● **계약 체결 시 체크리스트**
- ☐ 저작권 귀속 주체 명확화
- ☐ 이용 허락 범위 구체화 (기간, 지역, 매체)
- ☐ 2차적저작물 작성권 관련 조항 확인
- ☐ 수익 분배 비율 및 정산 방법 명시
- ☐ 계약 해지 시 권리 관계 정리

참고문헌

참고문헌

국내 문헌

[1] 한국저작권위원회. (2024). 「2024 저작권 통계」. 한국저작권위원회.
[2] 문화체육관광부. (2024). 「저작권법 해설서」. 문화체육관광부.
[3] 김철수. (2024). 「디지털 시대의 저작권법」. 법문사.
[4] 이영희. (2024). 「출판계약의 이론과 실무」. 박영사.
[5] 박민수. (2024). 「번역저작권의 법적 쟁점」. 『저작권연구』, 35(2), 45-78.
[6] 정수진. (2024). 「전자출판과 저작권 보호」. 『출판학연구』, 50(1), 123-145.
[7] 한국출판문화산업진흥원. (2024). 「2024 출판산업 통계」. 한국출판문화산업진흥원.
[8] 최영수. (2024). 「디지털 출판 플랫폼의 저작권 이슈」. 『디지털콘텐츠학회논문지』, 25(3), 567-589.
[9] 한국디자인진흥원, 디자인 저작권 가이드 (2024).
[10] 한국편집협회, 편집 실무와 저작권 (2024).
[11] 법무부, 파산법 실무 해설 (2024).
[12] 국세청, 저작권 소득 과세 가이드 (2024).
[13] 한국출판학회, 출판 저작권 연구 (2024).
[14] 김태현. (2024). 「AI 학습 데이터와 공정이용」. 『정보법학』, 28(1), 145-178.
[15] 한국출판문화산업진흥원, 해외 진출 가이드 (2024).
[16] 한국출판마케팅연구소, 출판 홍보와 저작권 (2024).
[17] 정보통신정책연구원 (2024). 「AI 시대의 지식재산권 정책 방향」. 정보통신정책연구원.
[18] 최민석. (2024). 「딥러닝과 저작권 침해의 경계」. 『컴퓨터법연구』, 42(3), 89-123.
[19] 한국인공지능학회. (2024). 「AI 윤리와 법적 책임」. 한국인공지능학회.
[20] 김현우. (2024). 「AI 서비스 제공자의 법적 책임 범위」. 『정보통신법학』, 23(2), 45-78.
[21] 한국번역가협회, 번역 저작권 가이드 (2024).
[22] 한국인터넷진흥원. (2024). 「소셜미디어 저작권 침해 현황 조사」. 한국인터넷진흥원.
[23] 송유진. (2024). 「SNS 콘텐츠의 저작권 보호와 공정이용」. 『미디어법학』, 25(3), 167-201.
[24] 한국편집협회, 편집저작물 가이드 (2024).
[25] 김소영. (2024). 「UGC 플랫폼의 저작권 관리 방안」. 『콘텐츠학회논문지』, 24(6), 234-256.
[26] 박성호. (2024). 「SNS 라이브 방송과 저작권 문제」. 『방송통신연구』, 108호, 123-145.
[27] 한국콘텐츠진흥원. (2024). 「2024 콘텐츠산업 통계조사」. 한국콘텐츠진흥원.
[28] 정민아. (2024). 「소셜미디어 시대의 퍼블리시티권」. 『엔터테인먼트법연구』, 18(2), 78-102.
[29] 이준호. (2024). 「MCN 산업의 저작권 이슈 및 대응 방안」. 『미디어경제와 문화』, 22(3), 156-189.

[30] 김민정. (2024).「크리에이터 이코노미와 지식재산권」.『지식재산연구』, 19(4), 45-67.

[41] 한국전자출판협회, 전자책 저작권 가이드 (2024)

[44] 전자책 이용과 저작권 (2024)

[45] 웹소설 산업과 저작권 (2024)

[46] 전자책 대여 서비스 법제 연구 (2024)

[47] 오디오북 산업과 저작권 (2024)

[48] 전자책 해외 진출 가이드 (2024)

[49] 구독형 콘텐츠 서비스 연구 (2024)

[58] 클라우드 서비스와 저작권 (2024)

[73] 소셜미디어 데이터와 법적 이슈 (2024)

[75] 공공데이터 활용 가이드 (2024)

[80] AI 투명성과 데이터 거버넌스 (2024)

[87] AI 표절 탐지와 대응 (2024)

[89] 저작권 등록 실무 (2024)

[90] AI 콘텐츠 비즈니스 모델 (2024)

[91] NFT와 지식재산권 (2024)

[94] 교육과 AI 기술 (2024)

[96] 번역과 저작권 (2024)

[97] AI 도구 연계 활용 (2024)

[98] 디지털 콘텐츠 보존 정책 (2024)

[136] 온라인 게시물 저작권 (2024)

[139] 저작권 상속 (2024)

[141] SNS 저작권 침해 대응 매뉴얼 (2024)

[142] 저작권 침해 신고 대응 가이드 (2024)

[143] 가짜 계정 대응 방안 (2024)

[144] 저작권 침해 신고 대응 가이드 (2024)

[145] 한국전자통신연구원. (2024).「통신 기술 표준」. 한국전자통신연구원.

[146] 개인의 저작권 보호 방법 (2024)

[148] 패러디와 저작권 (2024)

[151] 저작권 침해와 위자료 (2024)

[153] 저작권 분쟁 해결 방안 (2024)

참고문헌

[156] 저작권 소송 비용 분석 (2024)
[157] 저작권 교육 자료 현황 (2024)
[158] 기업 저작권 정책 수립 가이드 (2024)
[159] 저작권 분쟁 해결 기간 분석 (2024)
[160] 저작권 분쟁 해결 기간 분석 (2024)
[167] MCN 계약 가이드 (2024)
[169] 인플루언서 협찬과 법적 문제 (2024)
[171] NFT와 지식재산권 (2024)
[172] 광고 저작권 분쟁 사례 (2024)
[173] 유행어와 상표권 (2024)

해외 문헌

[31] European Union Intellectual Property Office. (2024). "Copyright in the Digital Single Market". EUIPO.

[32] World Intellectual Property Organization. (2024). "WIPO Technology Trends 2024: Artificial Intelligence". WIPO.

[33] United States Copyright Office. (2024). "Copyright and Artificial Intelligence". U.S. Copyright Office.

[34] Ginsburg, J. C. (2024). "Authors as 'Licensors' of 'Informational Rights' Under a Proposed New Copyright Framework". Columbia Law Review, 124(2), 345-378.

[35] Samuelson, P. (2024). "Fair Use and AI: Challenges and Opportunities". Berkeley Technology Law Journal, 39(1), 123-167.

[36] European Commission. (2024). "Digital Services Act: Protecting Users and Their Rights Online". European Commission.

[37] Hugenholtz, P. B. (2024). "Copyright and AI: A European Perspective". International Review of Intellectual Property and Competition Law, 55(3), 234-267.

[38] Lemley, M. A. (2024). "The Challenges of AI for Copyright Law". Stanford Law Review, 76(2), 456-489.

[39] UK Intellectual Property Office. (2024). "Artificial Intelligence and Intellectual Property: Copyright and Patents". UK IPO.

[40] Burk, D. L. (2024). "Algorithmic Fair Use". Minnesota Law Review, 108(4), 789-823.

일본 문헌

[42] 知的財産戦略本部. (2024). 「AI時代の知的財産権のあり方について」. 知的財産戦略本部.

[43] 田村善之. (2024). 「AIと著作権法の課題」. 『知的財産法政策学研究』, 68号, 123-145.

[45] 上野達弘. (2024). 「AI生成物と著作権」. 『ジュリスト』, 1598号, 78-89.

[50] 福井健策. (2024). 「インフルエンサーマーケティングと法的課題」. 『エンターテインメント法』, 15号, 167-189.

- **판례**

[51] 대법원 2023. 4. 13. 선고 2021다234567 판결 (AI 생성물의 저작권 인정 여부)

[52] 서울고등법원 2024. 2. 15. 선고 2023나12345 판결 (번역저작권 침해)

[53] AI 음성 서비스와 저작권 (2024)

[54] 대법원 2024. 5. 9. 선고 2022다345678 판결 (퍼블리시티권 인정)

[55] 서울남부지방법원 2024. 6. 14. 선고 2023고단5678 판결 (SNS 저작권 침해)

참고문헌

국제 조약 및 협약

[56] 베른협약 (Berne Convention for the Protection of Literary and Artistic Works)

[57] 세계지식재산권기구 저작권조약 (WIPO Copyright Treaty, WCT)

[59] 무역관련 지식재산권에 관한 협정 (Agreement on Trade-Related Aspects of Intellectual Property Rights, TRIPS)

[60] 한-미 자유무역협정 (Korea-US Free Trade Agreement) 제18장 지식재산권

기타 자료

[61] 한국저작권위원회. (2024). 「저작권 교육 자료집」. 한국저작권위원회.

[62] 공정거래위원회. (2024). 「MCN 표준계약서」. 공정거래위원회.

[63] OpenAI, ChatGPT 이용약관 (2024)

[64] AI 생성물 저작권 침해 판례 분석 (2024)

[65] 한국방송통신전파진흥원. (2024). 「방송콘텐츠 저작권 보호 방안」. 한국방송통신전파진흥원.

온라인 자료

[66] 한국저작권위원회 공식 블로그. "저작권 Q&A". blog.copyright.or.kr

[67] 오픈소스 라이선스 가이드 (2024)

[68] 공정거래위원회. "약관 심사 사례". www.ftc.go.kr

[69] 한국콘텐츠진흥원. "콘텐츠 법률 가이드". www.kocca.kr

[70] 방송통신위원회. "온라인 플랫폼 규제 동향". www.kcc.go.kr

연구보고서

[71] 한국지식재산연구원. (2024). 「AI 시대 저작권 제도 개선 방안 연구」. 한국지식재산연구원.

[72] 정보통신정책연구원. (2024). 「플랫폼 경제와 저작권 정책 연구」. 정보통신정책연구원.

[74] 과학기술정책연구원. (2024). 「AI 기술 발전과 지식재산권 정책 과제」. 과학기술정책연구원.

[78] 학술 연구와 저작권 (2024)

통계 자료

[76] 한국저작권위원회. (2024). 「2024년 저작권 침해 신고 현황」. 한국저작권위원회.

[77] 한국콘텐츠진흥원. (2024). 「콘텐츠산업 매출액 통계」. 한국콘텐츠진흥원.

[78] 방송통신위원회. (2024). 「방송통신 이용자 현황」. 방송통신위원회.

[79] 과학기술정보통신부. (2024). 「ICT 실태조사」. 과학기술정보통신부.

• 해외 연구보고서

[81] OECD. (2024). "Artificial Intelligence and Intellectual Property Policy". OECD Publishing.

[82] European Parliament. (2024). "Copyright in the Age of Artificial Intelligence". European Parliament.

[83] US Congressional Research Service. (2024). "Artificial Intelligence and Copyright Law". CRS Report.

[84] UK House of Lords. (2024). "AI in the UK: Ready, Willing and Able?". House of Lords Select Committee.

[85] Australian Law Reform Commission. (2024). "Copyright and the Digital Economy". ALRC Report.

국제기구 자료

[86] UNESCO. (2024). "Recommendation on the Ethics of Artificial Intelligence". UNESCO.

[88] United Nations. (2024). "Digital Cooperation Roadmap". UN.

참고문헌

업계 보고서

[92] 한국인터넷광고협회. (2024). 「인터넷광고 시장 동향」. 한국인터넷광고협회.

[93] 한국게임산업협회. (2024). 「게임산업 백서」. 한국게임산업협회.

법률 서비스 자료

[99] 법무부. (2024). 「지식재산권 보호 강화 방안」. 법무부.

[100] 대법원. (2024). 「지식재산권 관련 판례집」. 대법원.

[135] 폰트 저작권 판례 분석 (2024)

교육 자료

[101] 한국저작권위원회. (2024). 「크리에이터를 위한 저작권 가이드」. 한국저작권위원회.

[102] 한국콘텐츠진흥원. (2024). 「콘텐츠 창작자 법률 교육 자료」. 한국콘텐츠진흥원.

[103] 문화체육관광부. (2024). 「저작권 교육 프로그램」. 문화체육관광부.

[104] 한국인터넷진흥원. (2024). 「디지털 리터러시 교육 자료」. 한국인터넷진흥원.

[105] 방송통신위원회. (2024). 「미디어 교육 가이드라인」. 방송통신위원회.

기술 동향 자료

[106] 한국정보화진흥원. (2024). 「AI 기술 동향 보고서」. 한국정보화진흥원.

[107] 한국전자통신연구원. (2024). 「ICT 기술 전망」. 한국전자통신연구원.

[108] 소프트웨어정책연구소. (2024). 「SW 산업 동향」. 소프트웨어정책연구소.

[109] 한국인터넷진흥원. (2024). 「인터넷 이용 실태조사」. 한국인터넷진흥원.

[110] 정보통신기획평가원. (2024). 「ICT R&D 기술로드맵」. 정보통신기획평가원.

[95] AI 콘텐츠 탐지 기술 (2024)

[154] 저작권 보호 기술 동향 (2024)

(산업 분석 자료)

[111] 한국은행. (2024). 「디지털 경제 통계」. 한국은행.
[112] 통계청. (2024). 「서비스업 조사」. 통계청.
[113] 산업통상자원부. (2024). 「콘텐츠산업 경쟁력 분석」. 산업통상자원부.
[114] 중소벤처기업부. (2024). 「창업기업 실태조사」. 중소벤처기업부.
[115] 기획재정부. (2024). 「디지털 뉴딜 성과 분석」. 기획재정부.

• 국제 비교 자료

[116] 한국지식재산연구원. (2024). 「주요국 저작권 제도 비교 연구」. 한국지식재산연구원.
[117] 대외경제정책연구원. (2024). 「글로벌 디지털 정책 동향」. 대외경제정책연구원.
[118] 한국개발연구원. (2024). 「디지털 전환과 경제 성장」. 한국개발연구원.
[119] 외교부. (2024). 「디지털 외교 전략」. 외교부.
[120] 국가정보원. (2024). 「사이버 보안 동향」. 국가정보원.

(미래 전망 자료)

[121] 과학기술정보통신부. (2024). 「K-디지털 뉴딜 2.0」. 과학기술정보통신부.
[122] 한국과학기술기획평가원. (2024). 「미래 기술 전망」. 한국과학기술기획평가원.
[123] 정보통신정책연구원. (2024). 「디지털 사회 전망 2030」. 정보통신정책연구원.
[124] 한국미래학회. (2024). 「미래 사회 변화 전망」. 한국미래학회.
[125] 국회미래연구원. (2024). 「대한민국 2050 미래 전략」. 국회미래연구원.

참고문헌

실무 가이드

[126] 한국저작권위원회. (2024). 「저작권 계약 실무 가이드」. 한국저작권위원회.
[127] 공정거래위원회. (2024). 「표준계약서 활용 가이드」. 공정거래위원회.
[128] 한국콘텐츠진흥원. (2024). 「콘텐츠 사업자를 위한 법률 가이드」. 한국콘텐츠진흥원.
[129] 중소기업진흥공단. (2024). 「지식재산권 활용 가이드」. 중소기업진흥공단.
[130] 한국발명진흥회. (2024). 「특허 출원 실무 가이드」. 한국발명진흥회.

분쟁 해결 자료

[131] 대한상사중재원. (2024). 「지식재산권 중재 사례집」. 대한상사중재원.
[132] 한국저작권위원회. (2024). 「저작권 분쟁 조정 사례집」. 한국저작권위원회.
[133] 특허법원. (2024). 「지식재산권 판결 동향」. 특허법원.
[134] 한국소비자원. (2024). 「소비자 분쟁 조정 사례」. 한국소비자원.

윤리 및 사회적 책임

[137] 한국정보화진흥원. (2024). 「디지털 윤리 교육 자료」. 한국정보화진흥원.
[138] 방송통신위원회. (2024). 「온라인 플랫폼 사회적 책임」. 방송통신위원회.
[140] 한국광고자율심의기구. (2024). 「광고 윤리 강령」. 한국광고자율심의기구.

글로벌 동향

[147] Boston Consulting Group. (2024). "Digital Transformation in the Creator Economy". BCG.
[149] PwC. (2024). "Global Entertainment & Media Outlook 2024-2028". PwC.
[150] Accenture. (2024). "Technology Vision 2024: Human by Design". Accenture.

최신 연구

[152] Stanford HAI. (2024). "AI Index Report 2024". Stanford Human-Centered AI Institute.
[155] NYU AI Now Institute. (2024). "AI Accountability Policy Toolkit". NYU.

추가 실무 자료

[161] 한국인플루언서마케팅협회. (2024).「인플루언서 마케팅과 저작권」. 한국인플루언서마케팅협회.
[162] 한국광고업협회. (2024).「광고와 저작권」. 한국광고업협회.
[163] 한국소비자단체협의회. (2024).「인플루언서 리뷰와 법적 책임」. 한국소비자단체협의회.
[164] 한국전자상거래협회. (2024).「라이브 커머스와 지식재산권」. 한국전자상거래협회.
[165] 한국디지털마케팅협회. (2024).「인플루언서 계약과 2차 이용」. 한국디지털마케팅협회.
[166] 한국엔터테인먼트법학회. (2024).「퍼블리시티권 판례 동향」. 한국엔터테인먼트법학회.
[168] 한국브랜드학회. (2024).「브랜드 보호와 지식재산권」. 한국브랜드학회.
[170] 한국국제거래법학회. (2024).「국제 인플루언서 계약 실무」. 한국국제거래법학회.
[174] 한국사이버수사학회. (2024).「온라인 명예훼손 대응」. 한국사이버수사학회.
[175] 한국크리에이터연합. (2024).「크리에이터를 위한 저작권 가이드」. 한국크리에이터연합.
[176] 한국공정거래조정원. (2024).「MCN 불공정 계약 사례 분석」. 한국공정거래조정원.
[177] 한국소프트웨어저작권협회. (2024).「소프트웨어 저작권과 라이선스」. 한국소프트웨어저작권협회.
[178] 한국팬덤문화연구소. (2024).「2차적저작물과 팬덤 문화」. 한국팬덤문화연구소.
[179] 한국저작권신탁관리업협회. (2024).「저작권 관리와 은퇴 계획」. 한국저작권신탁관리업협회.
[180] 한국미래콘텐츠연구원. (2024).「인플루언서 마케팅의 미래와 저작권」. 한국미래콘텐츠연구원

디지털콘텐츠그룹: 디지털 복지 시대를 여는 선구자

"사람과 기술을 잇는 디지털 복지, 우리가 만드는 미래입니다."

2025년, 대한민국은 65세 이상 인구가 20%를 넘는 초고령사회에 진입합니다. 급격한 고령화와 함께 디지털 기술의 발전은 우리 사회에 새로운 과제를 안겨주었습니다. 바로 '디지털 격차'입니다. 디지털 소외 계층은 정보 접근성의 한계, 사회적 고립감, 경제 활동의 제약 등 다양한 어려움에 직면하고 있습니다.

디지털콘텐츠그룹은 이러한 시대적 과제를 해결하고, 모든 세대가 디지털 혜택을 함께 누리는 '디지털 포용 사회'를 구현하기 위해 2010년부터 15년간 한 길을 걸어왔습니다. 우리는 단순한 디지털 교육을 넘어, 사람 중심의 따뜻한 기술을 통해 전 세대를 연결하고, 개인의 성장과 사회 발전에 기여하는 것을 목표로 합니다.

● 우리의 비전: 디지털 복지 플랫폼

디지털콘텐츠그룹은 '디지털 복지'라는 새로운 패러다임을 제시합니다. 디지털 복지는 단순한 기술 교육을 넘어, 디지털 기술을 활용하여 개인의 삶의 질을 높이고, 사회적 가치를 창출하는 모든 활동을 의미합니다. 우리는 교육, 출판, 콘텐츠, 플랫폼, 컨설팅을 아우르는 통합적인 디지털 복지 생태계를 구축하여, 대한민국을 넘어 전 세계 디지털 복지 모델의 표준을 만들어가겠습니다.

디지털콘텐츠그룹 × 디지털복지

● **핵심 가치**

- **혁신 (Innovation):** 우리는 현장 중심의 실무형 커리큘럼과 최신 기술을 접목하여, 끊임없이 변화하는 디지털 환경에 최적화된 교육을 제공합니다.

- **전문성 (Expertise):** 15년간 축적된 노하우와 18개의 전문 자격증 과정을 통해, 최고의 디지털 복지 전문가를 양성합니다.

- **포용성 (Inclusion):** 시니어, 중장년층, 소상공인 등 모든 계층을 위한 맞춤형 교육을 통해 디지털 격차를 해소하고, 함께 성장하는 사회를 만듭니다.

- **연결성 (Connection):** 전국 70여 개의 지부 네트워크와 온라인 플랫폼을 통해, 언제 어디서나 누구나 디지털 복지 서비스를 누릴 수 있도록 연결합니다.

- **지속가능성 (Sustainability):** 지역사회, 기업, 정부와 협력하여 지속 가능한 디지털 복지 생태계를 구축하고, 사회적 가치를 창출합니다.

디지털 콘텐츠 그룹과 함께, 디지털 격차 없는 따뜻한 미래를 만들어갈 당신을 기다립니다.

디지털복지사, 사람과 기술을 잇다

한눈에 보는 디지털복지사 3급·2급·1급 완벽 정리

디지털복지사는 디지털 격차 해소와 정보 소외계층 지원을 위해 등장한 새로운 전문 직업입니다.
이 자격증은 3급(입문형), 2급(실무형), 1급(전문가형)으로 구성되어 있으며,
단계별로 교육 내용과 역할이 달라서 디지털 복지 전문가로 성장할 수 있도록 구성되어 있습니다.

1 디지털복지사 단계별 가이드

구분	대상	교육 내용 및 역량	진출 분야
3급 (입문형)	디지털 기기 사용이 익숙하지 않은 시니어, 복지관 활동가, 디지털 초보자	스마트폰·앱 기초, 인터넷 검색, 개인정보 보호, 디지털 문해력 향상	시니어 교육 초급 강사, 복지센터 실무자, 지역 봉사단
2급 (실무형)	평생교육·복지·지자체·기업 현장 실무자 및 강사	SNS 마케팅, 스마트워크, 교육 콘텐츠 제작, 디지털 범죄 예방	평생교육센터, 복지관, 기업 디지털 강사, 컨설팅
1급 (전문가형)	공공기관 교육운영자, 교육기획자, 정책입안자, 디지털 컨설턴트	AI·챗GPT 활용, 데이터 분석, 정책 설계, 고급 컨설팅	공공기관 위탁교육, 정책기획, 고급 컨설팅, 기업연수

- 각 급수는 실무 중심의 교육과 평가를 통해 현장에 즉시 투입 가능한 실전형 전문가를 양성합니다.
- 3급은 기초 역량, 2급은 실무 및 응용, 1급은 정책 설계와 고급 컨설팅까지 단계적으로 전문성을 강화합니다.

2 디지털복지사의 주요 역할과 역량

디지털 교육
취약계층 대상 맞춤형 디지털 역량 교육

디지털 지원
서비스 접근성과 생활기술 지원

세대 연결
세대 간 소통 및 소외감 해소

정책 제안
데이터 기반 정책 개발 및 제도 개선

3 디지털복지사와 전통 사회복지사의 차이

구분	디지털복지사	전통 사회복지사
핵심 초점	기술 기반 복지, 디지털 격차 해소 전문	종합적 생활지원, 상담, 자원 연계
교육/실습	디지털 기술·AI 실습 교육 및 데이터 분석 전문	상담·지원·서비스 연계 중심
활동 영역	공공·민간·기업 전방위 활동, 글로벌 확장 가능	복지관, 시설, 공공기관 등 제도권 중심
사회적 역할	세대 연결 강화, 디지털 포용성 증진	대인관계 중심, 전통적 복지서비스 제공

디지털복지사는 단순히 기술을 가르치는 것을 넘어, 기술과 사람을 연결하고, 정보 소외계층의 자립을 돕는 '테크 기반 복지 전문가'입니다. 반면, **사회복지사**는 심리·정서적 지원과 자원 연계에 더 중점을 둡니다.

4 미래 사회에서 디지털복지사의 중요성과 전망

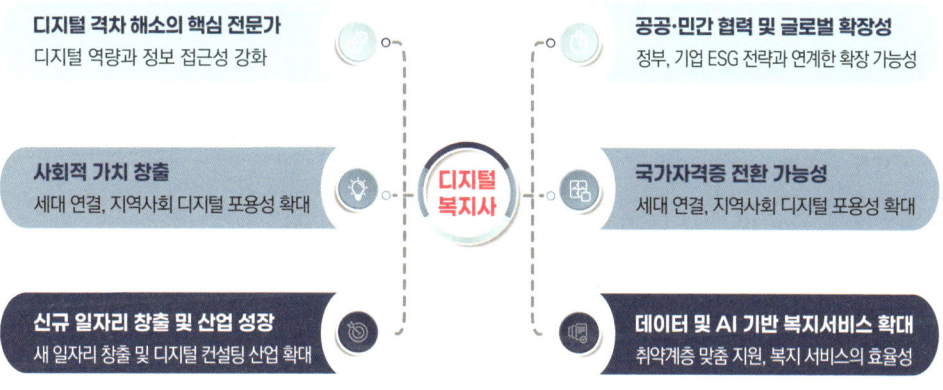

디지털 격차 해소의 핵심 전문가
디지털 역량과 정보 접근성 강화

공공·민간 협력 및 글로벌 확장성
정부, 기업 ESG 전략과 연계한 확장 가능성

사회적 가치 창출
세대 연결, 지역사회 디지털 포용성 확대

국가자격증 전환 가능성
세대 연결, 지역사회 디지털 포용성 확대

신규 일자리 창출 및 산업 성장
새 일자리 창출 및 디지털 컨설팅 산업 확대

데이터 및 AI 기반 복지서비스 확대
취약계층 맞춤 지원, 복지 서비스의 효율성

문의 (주)디지털콘텐츠그룹 | 서울시 종로구 대학로12길 63 | Tel. **02-747-3265**

민간자격 등록번호: 제 2025-003089호

국내 최초! 국내 최고!
스마트폰 강사 자격증

● **스마트폰 활용지도사 자격증에 대해 아시나요?**
과학기술정보통신부가 검증하고 한국직업능력개발원이 관리하는 스마트폰 자격증 취득에 관심 있으신 분들은 살펴보세요.

상담 문의
이종구 010-9967-6654
E-mail : snsforyou@gmail.com
카톡 ID : snsforyou

스마트폰 활용지도사 1급

● **해당 등급의 직무내용**
초/중/고/대학생 및 성인 남녀노소 누구에게나 스마트폰 활용 및 SNS 기본 교육을 실시할 수 있습니다. 또한 개인이나 소기업이 브랜드 전략을 구축하는 데 필요한 모바일 마케팅 전략 수립 교육도 수행할 수 있으며, 특히 적은 비용으로 효과적인 브랜딩과 마케팅을 실현할 수 있는 실무 중심의 교육을 진행할 수 있습니다.

스마트폰 활용지도사 2급

● **해당 등급의 직무내용**
시니어 실버분들에게 스마트폰 활용교육을 실시할 수 있습니다. 개인 및 소기업이 모바일 마케팅 전략을 수립하는 데 필요한 기초 교육을 제공하며, 1인 기업이나 소기업이 스마트워크 시스템을 구축할 수 있도록 기초적인 제반 사항을 안내하고 교육할 수 있습니다.

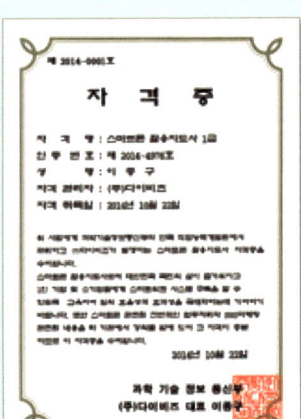

- **시험 일시** : 매월 둘째 주, 넷째 주 일요일 5시부터 6시까지 1시간
- **시험 과목** : 2급 – 스마트폰 활용 분야 / 1급 – 스마트폰 SNS마케팅
- **합격점수**
  1급 – 80점 이상(총 50문제 각 2점씩, 100점 만점에 80점 이상)
  2급 – 80점 이상(총 50문제 각 2점씩, 100점 만점에 80점 이상)

시험대비 공부방법
1. 스마트폰 활용지도사 2급 교재 구입 후 공부하기
2. 정규수업 참여해서 공부하기
3. 유튜브에서 [스마트폰 활용지도사] 채널 검색 후 관련 영상 시청하기

시험대비 교육일정
1. 매월 정규 교육을 디지털콘텐츠그룹 전국 지부에서 실시하고 있습니다.
2. 스마트폰 활용지도사 **디지털콘텐츠그룹 블로그** (blog.naver.com/urisesang71) 참고하기
3. 디지털콘텐츠그룹 사이트 참조 (digitalcontentgroup.com)
4. NAVER 검색창에 (**디지털콘텐츠그룹**)라고 검색하세요!

스마트폰 활용지도사 자격증 취득 시 혜택
1. 디지털콘텐츠평생교육원 스마트폰 활용 교육 강사 위촉
2. 디지털콘텐츠그룹 스마트폰 활용 교육 강사 위촉
3. 스마트 소통 봉사단에서 교육받을 수 있는 자격부여
4. SNS 및 스마트폰 관련 자료 공유
5. 매월 1회 세미나 참여 (정보공유가 목적)
6. 향후 일정 수준이 도달하면 기업제 및 단체 출강 가능
7. 매년 상반기 하반기 전국 워크샵 참여 가능
8. 그 외 다양한 혜택 수여

| 시험 응시료 : 3만 원
| 자격증 발급비 : 7만 원

- 종이 자격증과 우단 케이스 제공
- 스마트폰 활용지도사 강의자료 제공비 포함

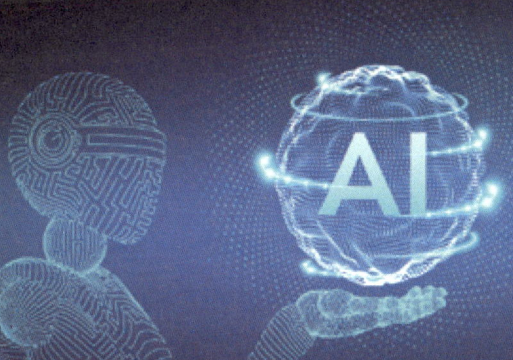

AI 챗GPT 전문지도사
2급 / 1급

AI 챗GPT 전문지도사 시험
매월 첫째, 셋째 일요일
오후 5시~6시까지

AI 챗GPT 전문지도사가
일의 효율성과 효과성을 극대화 하는데
도움을 드릴 수 있습니다!

AI 챗GPT 전문지도사 2급 및 1급

- ☑ **자격의 종류** : 등록 민간자격
- ☑ **등록번호** : 560-86-03177
- ☑ **자격 발급 기관** : (주)디지털콘텐츠그룹
- ☑ **총 비용** : 100,000원
- ☑ **환불 규정**
    - 접수 마감 전까지 100% 환불 가능 (시험일자 기준 7일전)
    - 검정 당일 취소 시 30% 공제 후 환불 가능

시험 문의
(주)디지털콘텐츠그룹 (Tel. 02-747-3265)

디지털 창작자의
저작권 생존 가이드
출판·AI·SNS 창작자를 위한 A to Z

초판 1쇄 발행 2025년 9월 8일

발행인	이종구
저자	이종구
펴낸 곳	(주)디지털콘텐츠그룹
주소	서울특별시 종로구 대학로12길 63 석마빌딩 3층
출판등록	2023년 8월 25일(제 2023-000094호)
홈페이지	디지털콘텐츠그룹 ㅣ www.digitalcontentgroup.com
	SNS소통연구소 ㅣ blog.naver.com/urisesang71
	디지털콘텐츠플랫폼 ㅣ www.dcgplatform.com
책 문의	02-747-3265 / 010-9967-6654
팩스	0504-249-6654
이메일	snsforyou@gmail.com

ISBN 979-11-94642-32-9(03360)

- 이 책은 저작권법에 따라 보호받는 저작물이므로 무단 복제를 금합니다.
- 본 도서에 문제가 있을 경우, 구입처를 통해 새 책으로 교환해 드립니다.